The
희망

The 희망

초판　1쇄 발행 · 2013년 8월 05일
초판 10쇄 발행 · 2013년 8월 10일

지은이 · 송진구
펴낸이 · 이춘원
펴낸곳 · 책이있는마을
편　집 · 이지예
디자인 · 디자인오투
기획 마케팅 · 강영길
관　리 · 정영석

주　　소 · 경기도 고양시 일산동구 장항2동 753 청원레이크빌 311호
전　화 · (031) 911-8017
팩　　스 · (031) 911-8018
이메일 · bookvillage1@naver.com
등록일 · 1997년 12월 26일
등록번호 · 제10-1532호

ISBN 978-89-5639-205-9 (13320)

The 희망

송진구 지음

책이있는마을

이 책이 만들어지게 된 배경이 있습니다.

회원 220만 명을 보유하고 있는 국내 1위의 E러닝 교육서비스 전문 회사인 ㈜크레듀(www.credu.com)와 공동으로 〈희망 인터뷰〉 과정을 개발하면서 교재로 사용될 목적으로 만들어졌습니다.

크레듀 홈페이지에 접속하여 〈희망 인터뷰 15인의 성공신화〉를 클릭해서 이 책의 주인공인 대한민국 최고 멘토들의 인터뷰와 저의 강의를 들으면 절망을 극복하고 희망을 쟁취하는 솔루션을 찾을 수 있을 것입니다.

앞이 보이지 않는 청년,

짊어진 삶의 무게에 눌려 숨 쉬기조차 버거운 중년,

더 이상 밀려날 곳이 없는 절벽 위에 서 있는 베이비부머 세대,

자식도 국가도 돌보지 않는 생계가 막막한, 그야말로 기막힌 노년.

'과거 어느 때보다 절박한 이 땅의 현실적 절망을 극복할 솔루션을 찾을 수 있을까?'

'있다면 무엇일까?'

이를 찾는 과정 중에 이들처럼 고통스런 좌절과 절망을 극복한 이 시대의 멘토를 찾아서 그들의 절망 극복과 성공을 벤치마킹하자는 의도에서 만들어졌습니다.

성공 신화를 만든 주인공들 역시 누구보다 혹독한 절망과 좌절을 겪었습니다. 상당수가 자살을 결심했고, 시도했었습니다.

그러나 결국은 절망을 극복하고 자신들의 꿈을 쟁취했죠. 그 비밀을 알고 싶었습니다. 그 비밀을 절망에 빠진 사람들에게 전해주고 싶었습니다.

"유사 이래 가장 험준한 절벽에 서 있는 이 땅의 사람들에게 희망을 주자, 그래서 절망을 딛고 우뚝 선 이들이 먼저 간 길을 따라가게 하자, 그런 모델을 만들자."

이 책은 그린 목적성을 갖고 만들어졌습니다.

이 책에 등장하는 주인공들은 대부분 제가 강의하거나 프로그램 MC로 진행한 〈MBC 희망 특강 파랑새〉, 〈MBC TV 특강〉 등에 출연하면서 개인적으로 인연이 되신 분들입니다. 그래서 책의 내용도 그동안 방송했던 원고들을 기반으로 만들어졌습니다.

이 책은 희망이 필요한 이 땅의 청년, 중년, 베이비부머 세대, 노년에게 희망을 선물하게 될 것입니다.

2013. 7. 저자

희망 제조기 송진구

결핍이 성공을 만든다

우리나라는 지금 전쟁 중입니다. 자신과의 전쟁을 말하는 것입니다. 필자가 전쟁 중이라고 말하는 데는 이유가 있습니다. 우리나라의 가계 부채는 약 1,000조 원입니다. 정부 일 년 예산 342조 원과 비교해 보면 대단한 규모입니다. 그 가운데 주택 담보 대출이 약 400조 원, 신용 대출이 600조 원입니다.

이처럼 어마어마한 가계 부채는 우리 경제 활동 인구 1인당 약 4,300만 원이나 됩니다. 우리나라 가구 중 64.6%가 부채를 지고 있으며 평균 부채 보유액은 8,187만 원입니다. 자신이 살고 있는 집을 경매에 넘겨도 대출금을 모두 갚지 못하는 깡통 주택 보유자가 전국적으로 약 19만 명에 달합니다. 이 시한 폭탄이 터지면 도미노 현상을 피할 수 없습니다. 개인 파산, 기업 파산, 은행 파산, 국가 파산에 이르기까지 연쇄 파산이 일어날 가능성도 무시할 수 없습니다.

한 가정을 책임지는 가장 가운데 직장이 없는 실업자가 255만 명입니다. 우리나라 아버지들 6명당 1명이 실업자인 셈입니다. 아버지가 실직자라면 집안의 분위기는 말할 것이 없습니다. 직장인이 직장을 잃으면 6개월 안에 빈곤층, 1년 안에 극빈층으로 추락하게 됩니다.

취직하기도 힘들지만 재취업하기는 하늘에 별 따기입니다. 그래서 어쩔 수 없이 울며 겨자 먹기로 창업을 시도하는 사람들이 많습니다. 물론 창업하면서 '나는 망할 것 같다'고 생각하는 사람은 한 명도 없을 것입니다. 모두 성공을 꿈꿉니다. 하지만 창업한 지 일 년 만에 문을 닫거나 전업하는 사람이 무려 약 80만 명이나 됩니다. 창업해서 성공하는 사람은 겨우 1%나 될까 말까입니다.

결국 알량한 재산을 몽땅 쏟아붓고 실패하면 엉뚱한 시도를 하는 사람들이 있습니다. 자살을 시도하는 것입니다. 하루 평균 1,100명이 자살을 시도하고 그 가운데 하루 44명이 스스로 목숨을 버립니다. 일 년이면 약 16,000명입니다. 우리나라 자살률은 OECD 국가들 가운데 단연 1위입니다.

또한 우리나라 사람들이 오해하는 것 가운데 하나는 은퇴는 한 번이라는 것입니다. 그러나 실제로 은퇴는 한 번이 아니라 두 번에 걸쳐 일어납니다.

첫 번째 은퇴는 버는 돈보다 쓰는 돈이 더 많은, 즉 지출 커브가 수입 커브를 역전할 때 일어납니다. 이것을 '금전적 은퇴'라고 합니다.

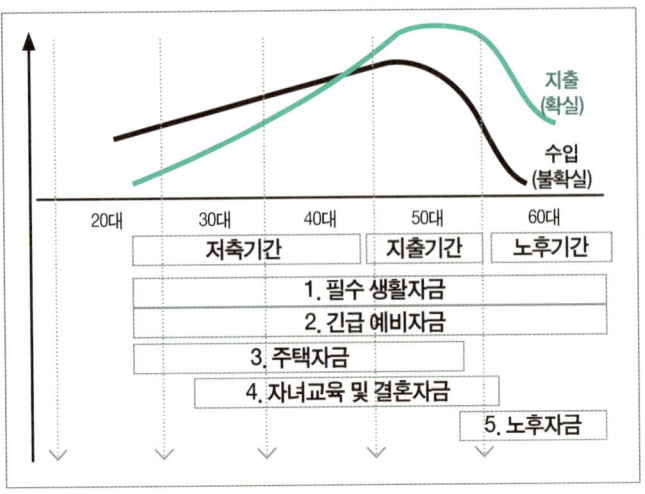

두 번째 은퇴는 직장에서 물러날 때입니다.

돈을 모을 수 있는 기간도 정해져 있습니다. 취직하고부터 40대 후반까지만 저축이 가능합니다. 40대 후반이 되면 자녀가 대학에 진학하는 등 집중 지출 기간이 시작됩니다. 저축은 거의 불가능합니다. 자녀 한 명의 총 교육비를 전부 합치면 약 3억 6백만 원 들어가고, 결혼 비용이 7천 8백만 원에 달합니다.

자녀를 한 명 낳으면 현금으로 약 4억 원이 소요된다는 계산입니다. 4억이 얼마나 큰돈인가 하면, 보통 가정에서 한 달에 100만 원 저축하기도 버겁습니다. 제로 금리 시대니까 금리를 제외하고 만약 한 달에 100만 원씩 한 달도 빼놓지 않고 꼬박꼬박 저축해도 40년을 저축해야 4억 8천만 원입니다. 엄청나게 큰돈입니다.

그렇더라도 우리 부모들은 대부분 자녀를 대학까지 공부시키고 결혼시킵니다. 하지만 가장 중요한 것은 자신을 위한 준비를 전혀 하지 못합니다. 자신의 노후 준비입니다. 더구나 장수 시대가 아닌가요. 100세 장수 시대라고 합니다. 죽고 싶어도 죽지 못합니다. 죽을 만하면 수술해서 살려냅니다.

55세를 기준으로 80세까지 사는 데 6억 3천만 원이 필요합니다. 90세까지 산다면 8억 8천, 100세를 산다면 11억 4천만 원이 필요하다는 것입니다. 그런데 우리나라 55세 평균 자산은 2억 9천 6백만 원에 불과합니다. 이 자산으로는 67세까지밖에 살 수 없습니다. 더욱이 2억 9천 6백만 원의 자산은 어떤 형태일까요? 85%가 부동산, 즉 자신이 살고 있는 집입니다.

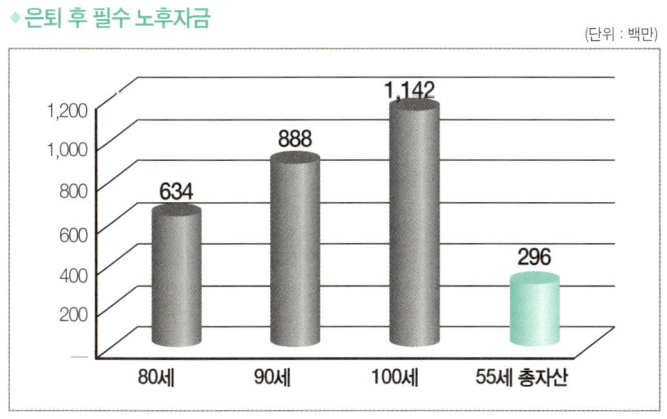

◆은퇴 후 필수 노후자금

(단위 : 백만)

조금 지나친 표현을 한다면 노년의 적敵 가운데 하나가 자녀입니다. 자녀 관리를 잘못하면 자녀도 망하고 부모도 망합니다. 어떻게 보면 가혹하겠지만 자녀들의 학업은 고등학교 때까지만 부모가 책임지고 성인이 되는 대학 때부터는 자신의 노력으로 공부하든지 취업을 하든지, 자신이 해결하도록 맡겨야 합니다. 또한 결혼 비용도 본인들이 해결해야 합니다. 그래야 부모는 그나마 노후 대책을 세울 수 있습니다.

부모나 자녀들이나 현대의 생활은 자신의 미래를 자신이 준비하지 않으면 안 됩니다. 따라서 늘 새롭게 준비하고 도전해야 합니다. 도전은 나이와 상관없고, 자신의 상태와 상관없습니다. 자신의 생각, 자신의 의지와 관련이 있습니다.

그것을 입증하는 것이 인간의 뇌입니다. 우리의 뇌는 놀라운 능력을 가지고 있습니다. 인간은 절실하게 원하면 그것이 이루어지도록 구성되어 있습니다. 우리 뇌의 전두엽이라는 부위의 특징 가운데 '미래 기억'이라는 것이 있습니다. 기억은 과거일까, 현재일까, 미래일까? 물론 과거입니다. 그렇다면 미래 기억은 무엇일까? 바로 상상, 꿈입니다.

로또 복권을 사면서, 당첨됐을 때 자신의 모습을 상상하는 것도 뇌의 화학 반응 때문입니다. 행복한 미래 기억을 가지면 뇌에서 도파민이라는 신경 물질이 분비됩니다. 바꿔 말하면 무엇인가 행복한 상상을 하면 도파민이 분비되는 것입니다. 따라서 우리는 스스로 자신의 뇌를 속일 수도 있습니다.

가령 손에 덜 익은 레몬이 있다고 상상해 보십시오. 그것을 입에 넣고 먹는다고 상상해 보면, 입에 침이 고입니다. 그것이 생각의 힘, 뇌의 힘입니다. 직접 먹은 것은 아니지만 레몬이 있다고 상상하니까 침이 고이듯이, 희망이라는 것도 그와 똑같습니다.

뇌의 무서운 힘, 놀라운 능력을 측정하기 위한 실험 사례도 있습니다. 실제로 미국에서 사형수를 대상으로 실험을 실시했던 사례가 있습니다. 연구진이 법무부와 미리 협의하고 사형수를 불렀습니다.

"당신은 곧 사형을 집행할 것입니다. 그런데 당신은 워낙 잔인한 범죄를 저질렀기 때문에 보통 사형수처럼 처형하지 않을 것입니다. 당신을 철제의자에 앉힌 다음, 당신의 손과 발을 묶고, 눈을 가릴 것입니다. 그리고 당신의 오른손 동맥을 칼로 끊어서 당신의 봄 안에 있는 피가 모두 빠져나오게 한 것입니다. 당신은 아주 고통스럽게 천천히 죽을 것입니다."

사형수에게 그렇게 말해 준 뒤, 집행관은 설명한 대로 사형을 집행했습니다. 사형수는 곧 죽은 것이 아니라 하루 만에 죽었습니다. 그런데 사형수가 죽은 것은 과다 출혈 때문이 아니었습니다. 사형수의 팔을 묶은 다음, 오른손 동맥을 자른 것이 아니라, 피부에 상처를 냈는데 그는 상처에서 흘러나오던 피가 멈춘 상태에서 죽었습니다.

피부의 상처에서는 약간의 피가 나오고 멈췄지만 눈을 가린 사형수는 자신의 몸에서 피가 빠져나가고 있구나 하는 착각과 이제 나는 죽는

구나 하는 상상을 하다가 죽은 것입니다.

이것을 '노시보 효과'라고 합니다. '플라시보 효과'의 반대 개념입니다. 왜 그런 현상이 일어날까요? 인간의 뇌는 분노하면 아드레날린이, 공포와 분노가 섞이면 노르아드레날린이 분비됩니다. 노르아드레날린은 코브라보다 더 강력한 맹독을 갖고 있습니다. 그것이 자신을 스스로 죽인 것입니다.

그래서 뇌에 대해 다음과 같은 결론을 내릴 수 있습니다.

"뇌는 밭과 같습니다."

"희망+절망=100입니다."

무슨 뜻일까? 옛말에 '콩 심은 데 콩 나고, 팥 심은 데 팥 난다'라는 말이 있습니다. 우리 뇌가 그렇습니다. 희망을 심으면 희망이, 절망을 심으면 절망이 자라는 것이 우리 뇌입니다. 죽었다 깨어나도 절망을 심은 데서 희망이 자라지 않습니다.

그런데 재미있는 것은 '희망+절망=100'이라는 것입니다. 희망이 50이면 절망이 50이며, 희망이 0이면 절망이 100입니다. 이때 사람은 죽습니다. 자살하는 사람은 가난해서, 먹기 살기 어려워서, 돈 때문에 죽는다고 생각하면 착각입니다. 사람은 희망 때문에 죽는 것입니다. 희망이 없다고 생각해서 죽는 것입니다.

재벌 총수도 자살하고, 권력자도 자살하고, 인기 연예인도 자살합니다. 그들이 자살을 결심할 무렵, 돈도, 권력도, 인기도 희망이 돼주지 못했기 때문입니다.

희망과 절망은 형태가 없습니다. 냄새도 모양도 없습니다. 오직 우리의 관념 속에서 존재하는 개념입니다. 자신을 향해 "난 얼마든지 희망이 있어!" 하고 외치면 희망은 자라납니다.

『The 희망』은 그런 목적성을 가지고 썼습니다. 우리는 너무나 살기 힘든 현실에서 어떤 비전을 꿈꾸고 살아야 될까요? 지금의 자신보다 더 힘든 현실을 극복한 멘토는 없을까요? 그 분들의 실패와 성공을 벤치마 킹해서 우리도 솔루션을 찾을 수 없을까요? 하는 것을 고민하는 과정에서 만들어진 것입니다.

차분하게 이 책을 읽다 보면, 콧등이 시큰하기도 하고, 웃음이 나기도 하고, 자신도 자신의 인생에 대한 도전 정신을 불태우고 싶은 의욕이 용솟음치는 이야기가 있을 것입니다. 모두 자신들의 것으로 만들어서 누구나 성공을 성취하고 신화를 창출하기를 기대하는 마음이 큽니다.

인터뷰에 응한 한 분, 한 분의 삶을 따라가다 보면 알게 되겠지만, 성공 신화를 만든 이들 모두 죽음을 각오한 절망의 절벽을 거쳐 왔다는 사실을 주목해야 합니다. 한결같은 단 한 가지는 이들 모두 어떠한 절망적인 상황에서도 결코 포기하지 않았다는 것입니다.

세계에서 유일한 네 손가락 피아니스트 이희아는 아무리 힘들고 고통스러운 상황이 오더라도 〈절대 포기하지 마라〉고 힘주어 말합니다.

본죽 김철호 회장은 양복 입고 눈물로 호떡을 만들어 팔면서 이룬 자신의 꿈을 〈절벽에서 이룬 꿈〉이라고 말합니다.

공무원의 전설로 불리는 인천재능대학교 이기우 총장은 〈인생을 바꾼 3실〉이라는 키워드로 자신의 성공을 설명합니다.

생계를 이어갈 수입이 없어서 이혼을 당하고, 성대 결절로 가수 생명이 끝난 듯 했던 로커 박완규는 〈포기 대신 죽기 살기〉로 다시 로커의 정상에 섰습니다.

한국 영화의 신기원을 이룩한 〈친구〉의 곽경택 감독은 〈길이 없으면 만들어서 가라〉고 주문합니다.

천호식품 김영식 회장은 자살을 결심했었지만 〈10미터만 더 뛰어봐〉 정신으로 오늘의 성공을 일구었습니다.

속칭 애정당 당수 이숙영 아나운서는 〈소통의 비밀〉로 대인관계의 해법을 제시하고 있습니다.

인기 개그맨이자 사업가였던 주병진, 개그맨 권영찬 등의 소송 사건에서 무죄를 이끌어낸 무죄 제조기 이재만 변호사는 〈위기는 신호를 보낸다〉는 메시지로 우리에게 위기에 대처하는 방법을 알려줍니다.

가천길병원과 가천대학을 세운 이길여 총장은 결혼도 마다하고 자신이 만든 모든 것을 사회와 국가에 바친 자신의 성공을 〈기적을 만든 헌신〉이라고 말합니다.

평범한 아줌마가 연매출 1,000억 원, 직원 2,000명의 중견기업 미애부 화장품을 이룩한 백인자 대표는 오늘의 자신을 만든 것은 초심, 열심, 성심의 삼심이라고 알려줍니다.

기업인, 연예인, 법조인 등 250명을 재즈 무대에 세운 재즈 가수 윤희정은 〈함께할 때 강해진다〉는 인간관계의 중요성을 강조합니다.

　고졸자로 군대에서 장애를 입은 몸으로 벤처 기업 윌테크놀러지를 세운 김용균 대표는 〈꿈꾸는 자가 성취한다〉며 항상 미래를 꿈꾸라고 주문합니다.

　히말라야 16좌 등정의 세계기록을 세운 엄홍길 대장은 〈목숨 건 진검 승부〉가 있었기에 가능했다고 말합니다.

　한의대에 8번 떨어지고 9번 만에 합격한 평강한의원 이환용 원장은 자신의 꿈을 이룬 동력은 〈8전 9기〉라고 말합니다.

　이들의 성공을 견인한 요인을 하나로 요약하자면 '결핍'입니다. 우리 인간은 구조적으로 결핍을 느끼지 않으면 행동하지 않는 속성이 있습니다. 바꿔 말하면, 오늘의 결핍은 내일의 성공을 창출하는 동력인 셈입니다. 따라서 오늘의 결핍을 단순히게 결핍으로만 받아들이지 말아야 한다는 것입니다.

　대부분의 사람이 성공을 성취하지 못하는 결정적인 이유는 1%의 부족 때문입니다. 마지막 물 한 방울이 물을 넘치게 하고, 물은 100도가 되어야 끓습니다. 99도에서는 끓지 않습니다.

　비행기가 뜨는 것은 무척 신기합니다. 그처럼 무거운 물체가 어떻게 하늘로 떠오를까요? 비행기가 이륙하는 데는 공식이 있습니다. 비행기가 뜨려면 양력이 비행기의 중량보다 커야 합니다.

　양력은 날개의 구조, 추진력, 활주로를 달리는 거리와 시간에 따라 다르지만, 날개의 구조가 동일하다고 보면 다음과 같은 공식이 성립합니다. 즉, 양력＝추진력×활주로를 달린 시간의 제곱입니다. 기종에 따라 다르지만 점보 여객기는 시속 300km의 속도로 1.8km를 달려야만 이륙에 필요한 양력을 얻을 수 있습니다. 즉 비행기가 이륙하기 위해서는 두 가지 필수조건이 충족되어야 합니다. 첫째, 시속 300km 이상의 속도, 둘째 1.8km의 활주로가 필요합니다. 이 두 가지 가운데 하나라도 부족하면 비행기는 뜨지 못합니다.

성공도 마찬가지입니다. 성공을 위해서는 어느 정도 이상의 절대 집중력과 일정 시간 이상의 절대 시간이 필요합니다. 그래야만 자신의 꿈을 성취할 수 있습니다.

또한 꿈을 이루는 두 가지 비밀이 있습니다.

첫째, 자신이 진정으로 원하는 것을 갖고 있는 사람에게 가라는 것입니다. 가서 그것을 달라고 해야 합니다. 하지만 대부분이 그러지 못합니다. 왜냐하면 안 줄 것 같아 못 가고, 용기가 없어서 못 가고, 체면과 자존심 상할까봐 못 갑니다.

자존심은 내가 세우기보다 남이 세워주는 것입니다. 남에게 굽히지 않고 스스로 품위를 지키겠다는 마음, 그래서 남들이 나를 알아주기 바라는 마음이 자존심입니다. 자존심의 주인은 내가 아니라 남입니다. 내가 진정으로 갖고 싶은 것이 있다면 그것을 갖고 있는 사람을 찾아가 달라고 해야 합니다. 자존심은 성공했을 때 세워도 늦지 않습니다.

진짜 자존심 상하는 것은 자신이 원하는 것이 있는데도 불구하고 다가가서 달라고 하지 못하는 것입니다. 원하는 것을 찾아가 달라고 하지 않으면 그것을 얻을 수 있는 확률은 0%입니다. 하지만 일단 그것을 갖고 있는 사람을 찾아가면 확률은 50%로 바뀝니다. 그것을 갖고 있는 상대의 카드는 주거나, 안 주거나 두 가지밖에 없습니다. 그래서 확률이 50%입니다. 0%와 50%는 엄청난 차이입니다.

둘째, 절대 포기하지 말아야 합니다. 자기가 진정으로 원하는 것을 가진 사람, 자신에게 꼭 필요한 사람, 이를테면 내가 어떤 악기를 배워 최고의 연주가가 되고자 한다면 그 악기의 현재 우리나라 최고 연주자를 찾아가 스승으로 모시고 배워야 합니다. 처음으로 찾아가서 그것을 달라고 했을 때, 주는 사람도 있겠지만 대부분 좀처럼 주지 않습니다.

어느 분야 최고의 기술자를 찾아가 "당신이 가진 기술을 나한테 알려주십시오"라고 부탁한다고 해서 선뜻 기술을 전해줄 리 없습니다. 그래서 포기하지 말아야 한다는 것입니다. 상대가 거절하면 한 번 더 찾아가고, 10번, 30번 거절하더라도 끈질기게 찾아가야 합니다. 그래야만 마침내 승자가 될 수 있습니다.

마지막으로 힘겨운 현실을 극복할 수 있는 방법 한 가지만 더 설명하겠습니다.

필자는 최근에 일곱 번째 저서 『포기 대신 죽기 살기로』라는 책을 냈습니다.

표지에 나와 있는 개구리와 황새 그림을 설명하려는 것입니다. 자세히 보면 개구리가 황새의 목구멍 속으로 들어가고 있습니다. 대부분의 개구리는 이쯤에서 포기하고 죽습니다.

그런데 좀 더 자세히 보십시오. 개구리가 황새의 목을 꽉 조르고 있습니다. 오히려 황새가 당황하고 있습니다. 개구리는 "난 절대로 죽을 수 없어. 미안하지만 네가 죽어줘야겠어." 하고 황새에게 말하는 것 같습니다. 이 승부의 승자는 개구리입니다. 어떠한 경우라도 절대 포기하

지 말아야 합니다. 포기하지 않는 자가 마침내 승자가 되고 성공하기 마련입니다.

『The 희망』은 어떠한 역경에도 결코 포기하지 않고 자신의 꿈과 목표를 이룩한 성공의 과정들로 채워져 있습니다.

차 례 C O N T E N T S

프롤로그 결핍이 성공을 만든다 ······ 6

Part 1 결핍 성장의 동력이다

절대로 포기하지 마라 ······ 27
네 손가락의 피아니스트 이희아

절벽에서 이룬 꿈 ······ 45
본죽 김철호 회장

인생을 바꾼 삼실(三實) ······ 65
인천재능대학교 이기우 총장

오리가 되지 마라 ······ 81
인기가수 박완규

Part 2 수정 방법을 수정하라

길이 없으면 만들어서 가라 ······ *97*
영화감독 **곽경택**

10미터만 더 뛰어봐 ······ *113*
천호식품 **김영식** 회장

소통의 비밀 ······ *128*
아나운서 **이숙영**

위기는 신호를 보낸다 ······ *145*
무죄 제조기 **이재만** 변호사

Part 3  도전 다시 시작하라

기적을 만든 헌신 ······ *165*

가천대학교 총장, 가천길재단 **이길여** 회장

아줌마의 기적을 만든 삼심(三心) ······ *181*

무합성 발효 화장품 미애부 **백인자** 대표

250인의 인맥 ······ *201*

재즈의 여왕 **윤희정**

꿈꾸는 자가 성취한다 ······ *218*

월테크놀러지 **김용균** 대표

Part 4 불굴 절대로 포기하지 마라

목숨을 건 진검 승부 ······ *235*

산악인 **엄홍길**

8전9기의 인생 역전 ······ *251*

평강한의원 **이환용** 원장

에필로그 아지도 희망은 남아 있다 ······ *267*

결핍 ──
성장의 동력이다 ··········

피아니스트 **이희아**

본죽 **김철호** 회장

인천재능대학교 **이기우** 총장

가수 **박완규**

네 손가락의 피아니스트
이희아

역경을 극복하면 더욱 강해진다

"제 손가락이 열 개였다면 아무도 저를 신기하게 보지 않았을 거예요. 그런데 이런 몸으로 태어난 덕분에 많은 사람들에게 감동을 줄 수 있게 됐죠. 그래서 저는 손가락을 네 개만 주신 하느님께 늘 감사해요. 이 세상에서 오직 저 하나밖에 없는 아주 보물 같은 손이잖아요."

절대로 포기하지 마라

네 손가락의 피아니스트 **이희아**

네 손가락의 피아니스트 이희아 씨는 필자가 MC도 하고, 강의도 하는 〈MBC TV 특강〉 프로의 분장실에서 처음 만났습니다. 이희아 씨가 천진하게 웃으면서 손을 내밀어 악수를 청하는데 오른손에 손가락이 2개밖에 없는 것이었습니다. 잠깐 당황했지만 손을 잡아보니 그렇게 따뜻하게 느껴질 수가 없었습니다. 그리고 그 네 손가락으로 피아노를 치는 모습을 보면서 온몸에 전율이 흐르는 것을 느꼈습니다. 가장 아름다운 손이었고, 가장 감동적인 피아노 곡이었습니다.

아무리 크고 뚜렷한 꿈을 가졌더라도 신체에 심각한 장애가 있다면 비장애인보다 그 꿈을 이루기가 몇 배는 더 힘듭니다. 그러나 자신의 치명적인 장애를 극복하고 피나는 노력으로 마침내 자신의 꿈을 이룩한 인물들도 적지 않습니다.

시각, 청각을 잃은 2중 장애인이있지만 작가, 교육가, 사회운동기로서 세계적인 명성을 떨친 헬렌 켈러, 30세가 넘어 갑자기 하반신을 전혀 못 쓰는 소아마비가 되었지만 장애를 이기고 미국 32대 대통령이 되었던 프랭클린 루스벨트, 영국의 천재 물리학자 스티븐 호킹 박사는 온몸을 못 쓰는 중증 장애인입니다. 의족의 육상 선수도 있고, 다리 없는 수영 선수도 있습니다.

27

독수리는 맹금류로 하늘의 강자입니다. 독수리가 하늘을 나는 데 가장 방해가 되는 것은 공기의 저항입니다. 그러나 공기가 없는 진공 상태에서 독수리는 날지 못하고 떨어진다고 합니다.

어느 외국의 저명한 학자는 그것을 가리켜 이렇게 말했습니다.

"공기는 저항이 되는 동시에 비행을 위한 필수 조건이다. 인간의 삶도 마찬가지이다. 장애물이 성공의 조건이다."

동물은 몸에 장애가 있거나 큰 상처를 입으면 생존하지 못합니다. 그러나 인간에게는 의지가 있어서 끈질긴 노력과 결코 포기하지 않는 집념으로 장애를 극복하고 마침내 자신의 꿈을 이룰 수 있습니다. 또한 신체적인 장애뿐 아니라 자신의 삶을 고통스럽게 하는 갖가지 고난과 역경을 의지와 집념으로 헤쳐 나가 꿈을 성취하는 것이 우리 인간입니다.

이희아는 한 손에 손가락이 두 개씩 있고 무릎 아래로는 다리가 없는 선천성 사지기형 1급 장애인입니다. 그러나 그는 뛰어난 피아니스트입니다. 세계에서 유일한 네 손가락 피아니스트입니다. 설명할 필요도 없이 피아노는 손가락으로 연주하는 악기입니다. 열 손가락이 온전한 사람도 남다른 노력이 없으면 피아니스트가 되기 힘듭니다.

그런데 이희아는 네 손가락, 절대 불가능한 신체 조건으로 어떻게 뛰어난 피아니스트가 되어, 많은 사람들에게 희망과 용기를 전해주고 있을까요?

한때 '틴틴 파이브'로 잘 알려진 이동우라는 개그맨이 있습니다. 그는 안타깝게도 결혼하고 불과 100일쯤 지난 뒤에 불치병으로 시력을 잃고 말았습니다. 차츰 시력이 약해져서 마침내 실명하게 되는 절망적인 불치병이었습니다.

이 소식을 들은 천안에 사는 한 40대 남성이 자신의 눈을 기증하겠다는 연락을 해 와서 이동우는 기쁜 마음에 한걸음에 달려갔습니다. 하지만 이동우는 눈을 기증받지 않고 그냥 되돌아 왔습니다. 왜 그냥 돌아왔냐는 질문에 그는 "이미 기증받은 거나 마찬가지입니다."라고 대답했습니다. 대체 무슨 사연일까요?

눈을 기증하겠다는 그 40대 남성은 '근육병' 환자였습니다. 전신이 마비되어 온몸을 전혀 쓸 수 없었고, 성한 곳은 오직 한 곳, 눈밖에 없는 분이었습니다.

이동우는 "나는 하나를 잃고 나머지 아홉을 갖고 있는데, 그 분은 모두 잃고 오직 하나 남아 있는 것을 주려고 했습니다. 어떻게 그걸 달라고 할 수 있겠습니까?" 하며 울먹였습니다.

쌀 아흔아홉 석 가진 사람이 겨우 한 석 가진 가난한 사람 쌀을 빼앗아 100석을 채우려 한다는 옛말도 있고, 말을 타면 마부를 거느리고 싶어진다는 말이 있습니다. 하나를 가지면 둘을 가지고 싶은 것이 인간의 이기적인 마음입니다.

또한 자꾸 편안하게 살고 싶어 하는 것이 우리의 속성입니다. 힘들게 뛰기보다는 슬슬 걷고 싶고, 걸으면 멈춰 서고 싶고, 서면 앉고 싶고, 앉으면 눕고 싶은 것입니다. 그러한 마음이 넘치게 되면 불행하게 살 수밖에 없습니다. 아침에 일어날 수 있음을 감사하고, 숨을 쉴 수 있음을 감사하고, 볼 수 있다는 것을 감사하고, 걸을 수 있다는 것을 감사할 수 있어야 합니다.

이희아의 어머니 우갑선 여사는 이렇게 말했습니다.

"희아가 여섯 살 때, 연필이라도 잡을 수 있게 손가락 힘을 키워주려면 피아노를 가르쳐야겠다는 생각이 들었어요. 사실 피아노는 연필 잡을 수 있을 때까지만 시키고, 그다음은 공부를 열심히 시켜, 온전한 사람 못지않게 하버드 대학에 보내려고 했죠."

그러나 이희아에게 피아노를 가르치는 일은 결코 쉽지 않았습니다. 동네 피아노 학원들을 모두 찾아다녔지만 어디서도 그녀를 선뜻 받아주지 않았습니다. 손가락의 기능이 절대적인 피아노를 치는 데 손가락이 한 손에 두 개씩밖에 없을 뿐만 아니라, 왼쪽 손가락은 관절이 없어 구부러지지도 않았기 때문이었습니다. 하지만 이희아의 어머니는 포기하지 않았습니다.

"불가능하기 때문에 도전한 거죠. 희아가 이 일을 해내면 다른 어떤 일도 다 해낼 수 있을 거라고 생각했죠."

어머니는 온갖 우여곡절 끝에 정말 힘들게 개인 피아노 레슨 교사를 구했습니다. 그러나 힘들기는 마찬가지였습니다. 희아는 손가락에 힘이 없어 건반을 제대로 누르지 못했고, 양손의 화음도 맞출 수 없었습니다. 그것만이 아니었습니다. 또래의 다른 아이들보다 지능도 떨어졌고, 악보를 좀처럼 읽지 못했습니다.

문제는 또 있었습니다. 희아의 뇌 구조상 셈이 되지 않아서, 다른 아이들은 저절로 맞추는 양손의 박자 균형을 익히는 게 쉽지 않았습니다. 피아노 선생님은 희아가 전혀 재능이 없다고 피아노를 포기하는 것이 좋겠다고 했습니다.

그래도 희아의 어머니는 물러서지 않았습니다. 밥 먹는 시간까지 아껴가며 매일 10시간씩 연습을 시켰습니다. 양손의 화음을 맞추는 데만 꼬박 6개월이 걸렸습니다. 이희아는 이렇게 말했습니다.

"손가락 끝이 벗겨져서 피가 나지 않는 날이 없었어요. 매일 엄마한테 피아노 안 치면 안 되냐고 울면서 매달렸죠."

그러나 어머니는 희아의 애원을 외면했습니다.

"울면서 도망치는 희아를 질질 끌어다 피아노 앞에 앉혔죠. 날마다 전쟁이나 다름없었어요."

모녀의 치열한 전쟁은 결국 엄마의 승리로 끝났습니다. 이희아가 "피아노를 못 치면 앞으로 아무것도 할 수 없다."는 어머니의 말에 승복한 것입니다. 이희아가 일단 마음을 잡은 뒤로, 그녀의 실력은 나날이 발전했습니다. 어머니는 그녀를 피아노경연대회에 출전시켜야겠다고 생각했습니다.

"희아가 일곱 살 되던 해인 1992년이었어요. '전국 학생음악연주 평가대회'에 참가신청서를 냈어요. 그런데 주최 측에서 보는 사람들에게 혐

오감을 줄 수 있고, 장애인이 한 번도 이 대회에 참가한 적이 없다며 신청 자체를 받아주지 않았어요."

이희아의 어머니 우갑선 여사는 희아가 어릴 적부터 그런 소리를 하도 많이 들어서 기분이 나쁘지는 않았지만, 장애인인 희아도 잘 할 수 있다는 것을 보여주기 위해 더 끈질기게 도전하기로 마음먹었습니다.

어머니는 조금도 물러서지 않고 주최 측과 악착같이 맞붙었습니다. 이희아의 표현을 빌리자면 엄마는 '악질적인 성격'을 최대한 발휘했습니다. 악질적인 성격이란 상대방의 주장은 무시하고 끝까지 자신의 주장을 내세웠다는 뜻일 것입니다. 그래서 이희아는 그 경연대회에 참가할 수 있었습니다. 또한 이희아는 어머니의 집요한 노력에 보답했습니다. 그녀는 당시를 이렇게 회상했습니다.

"무대에 오르면 다른 아이들은 긴장해서 실수를 많이 하는데, 저는 평소 연습할 때보다도 두 배는 더 잘 쳤어요. 엄마도 깜짝 놀라셨대요. 그때 알았죠. 제가 무대 체질이라는 걸. 저는 무대에만 서면 마음이 편안해져서 연주를 더 잘해요. 그리고 무대에서 노래 부르는 것도 굉장히 좋아해요."

그 대회에서 '은파'를 연주한 이희아는 비장애인 학생들을 누르고 당당히 유치부 최우수상을 받았습니다. 상을 받으러 나온 그녀를 보고 심사위원들이,

"아니, 네가 손가락이 네 개였어?"

하며 깜짝 놀랐습니다. 심사위원들이 최우수상을 받은 희아를 보고

놀란 것은 피아노 치는 아이를 보고 심사한 것이 아니고 연주소리만 듣고 심사했기에 설마 손에 장애가 있는 어린이라는 생각을 전혀 못했기 때문입니다. 이 대회의 성공을 계기로 이희아는 점차 세상 사람들에게 알려지기 시작했습니다.

"제 손가락이 열 개였다면 아무도 저를 신기하게 보지 않았을 거예요. 그런데 이런 몸으로 태어난 덕분에 많은 사람들에게 감동을 줄 수 있게 됐죠. 그래서 저는 손가락을 네 개만 주신 하느님께 늘 감사해요. 이 세상에서 오직 저 하나밖에 없는 아주 보물 같은 손이잖아요."

이희아는 세계에서 손가락이 네 개뿐인 유일무이한 피아니스트가 되었습니다. 그리고 그녀는 장애인들에게는 희망을, 비장애인에게도 삶의 의미를 되새겨보게 하는 살아 있는 감동이 되고 있습니다. 그녀는 우리에게 말합니다.

"저는 손과 다리기 모두 불편하지만, 남이 있는 힘으로 최선을 다해 이 자리에 설 수 있었어요. 여러분도 누구나 어떤 어려움 속에서도 포기하지 않고 집념을 갖는다면 자신이 하고 싶은 일을 꼭 이루어낼 수 있습니다."

그렇습니다. 장애인은 말할 것도 없고, 비장애인이라도 살아가는 과정에서 어찌 온갖 난관과 역경과 고통이 없겠습니까? 절망감을 견뎌내기 어려울 때가 수없이 많을 것입니다.

하지만 그것을 견뎌내는 사람이 마침내 자신이 원하는 것을 얻습니다. 자기가 원하는 것을 반드시 얻으려는 의지와 집념이 있어야 합니다. 그리고 어떤 어려움 속에서도 포기하지 않는 집요함이 있어야 합니다. 포기하면 결국 아무것도 얻지 못합니다.

실패는 성공으로 가는 징검다리다

어쩌면 세상 사람들이 가장 싫어하는 한 가지가 있다면, 그것은 '실패'일 것입니다. 하지만 아이러니컬하게도 세상 사람들 그 누구라도 인생에서 실패를 비켜갈 수는 없습니다. 한 번이든 열 번이든, 누구나 이 실패를 경험할 수밖에 없는 것이 인간의 운명입니다. 이 세상에 태어나면 누구나 실패를 한다는 것, 또 실패가 반복될 수 있다는 것, 그리고 그것을 통해서 성공을 할 수도 있다는 것이 우리 인생의 이치라고 볼 수 있습니다.

이런 관점에서 보자면, 이제 중요한 것은 실패를 하느냐, 하지 않느냐가 아닙니다. 누구나 실패를 하기 때문입니다. 정말로 중요한 것은 그 실패를 어떻게 대하는가 하는 자세일 것입니다.

미국 하버드 대학에서 인문 교육 분야 교환 교수로 재직했던 중국 작가 허우수성侯書生은 『하버드에서 배우는 인생 철학』이라는 자신의 저서에서 실패를 대하는 사람들의 자세를 세 가지로 분류했습니다.

첫째, 실패의 충격으로 무너져 버리는 사람입니다.

이들은 한 번의 실패로 다시는 재기를 꿈꾸지 못하는 나약한 사람들이자, 성공을 이루어낼 용기와 지혜를 제대로 갖추지 못한 사람이라고 할 수 있습니다.

둘째, 실패를 해도 또다시 앞으로 나아가는 사람입니다.

그들은 오뚝이처럼 일어선다는 점에서 존경받을 만하겠지만, 한 가지 아쉬운 점이 있습니다. 그들은 실패를 통해 반성하거나 혹은 실패의 경험을 통해 성공으로 다가가는 메시지를 얻어내지 못한 사람들이라는 점입니다. 자신의 혈기를 믿고 무조건 성공을 향해서 달려가기만 하는 사람들, 그래서 용기는 있으나 지혜가 부족한 사람들입니다. 물론 이런 부류들도 때로는 성공을 거머쥐지만 그 성공은 한순간일 때가 많습니다. 그 성공을 유지할 수 있는 지혜가 부족하기 때문입니다.

셋째, 지혜와 용기, 이 두 가지를 모두 갖춘 사람입니다.

실패에 부딪쳤다 하더라도 재빠르게 상황을 파악합니다. 그리고 무엇이 문제였는지, 무엇이 실패의 원인이었는지, 어떻게 하면 다시 성공을 향해 더욱 빨리, 더욱 효율적으로 다가갈 수 있는가를 고민하고 실천합니다. 대개 성공이란 이런 부류의 사람들에게 가장 먼저 다가오고 또한 가장 오래 머뭅니다.

실패는 누구든 위기에 빠지게 할 때가 많습니다. 자신의 실패를 대하는 자세가 어떤 부류에 속하든, 또 인생에서 피할 수 없는 것이라고 해도 실패는 싫습니다. 실패를 자청하는 사람은 없을 것입니다. 누구나 시련과 위기는 싫어합니다. 하지만 싫어한다고, 피한다고 위기가 오지 않는 것은 아닙니다. 다행스럽게 위기에 빠졌을 때 그것을 극복하는 방법이 있습니다. 실패로 인한 위기를 벗어나려면 다음과 같은 4단계가 필요합니다.

첫째, 인정하라

직장에서 갑자기 해고되거나, 사업이 파산하거나, 가령 암에 걸리는 경우처럼 자기 건강에 중대한 이상이 생기는 사람들은 보편적으로 다음 4단계를 거치게 됩니다.

1단계 : 부정합니다.

"이럴 리 없어. 분명 뭔가 잘못됐을 거야." 하며 정면 부정합니다.

2단계 : 분노합니다.

"내가 뭘 잘못했냔 말야. 난 이 회사를 위해 목숨 걸고 일한 죄밖에 없단 말야." "내가 왜 파산을 해야 돼? 난 오로지 이 사업을 위해 죽을 고생을 하며 뛰었어. 왜 내가 망해야 돼?" "내가 암이라니? 왜 하필 암이야? 나는 평생 정직하고 성실하게 살아왔는데 왜 내가 암에 걸려야 하는 거야?" 등등 분노에 휩싸여 몸부림치고 절규합니다.

3단계 : 우울증에 빠집니다.

이때가 가장 위험합니다. 이때 자살을 시도하는 사람들도 적지 않습니다. 우리나라에서 하루에 자살을 시도하는 사람은 무려 1,100명이나 됩니다. 하루에 44명이 자살로 자신의 삶을 마감합니다. 1년에 16,000명이나 됩니다. 우리나라 자살률은 OECD 국가들 가운데 1위입니다. 문제가 생기면 그것을 먼저 인정해야 합니다. 그래야 그 위기를 벗어날 수 있는 해결 방안을 찾을 수 있습니다.

4단계 : 수용합니다.

자신의 처지와 상황을 인정하게 되면 다음 단계가 수용 단계입니다. 수용하면 상황을 개선할 수 있는 동력을 얻게 됩니다. IMF 경제 위기 때는 말할 것도 없고, 요즘처럼 경제 불황이 장기간 계속되면 뜻하지 않게 실직하는 사람들도 많고 개인 사업을 하다가 파산하는 사람들이 많습니다. 주변에 갑자기 실직한 사람이 있다면 그 사람을 주의 깊게 살펴보십시오.

우선 그들은 자신의 상태를 감춥니다. 아침이면 평상시와 다름없이 출근하는 것처럼 정상적으로 집을 나섭니다. 그다음 어디로 갈까요? 산으로 가거나 공원 등을 찾아옵니다. 그리고 통상적인 퇴근 시간이 되면 집으로 돌아옵니다. 그러다가 더 이상 자신의 처지를 감출 수 없거나 좌절감과 심한 실의에 빠지면 자살을 시도하기도 합니다. 가까운 친지 가운데 그런 사람이 있다면 잘 설득해야 합니다. 가족에게 모든 것을 숨김없이 털어놓으라고 조언해야 합니다.

당사자는 가족 가운데서도 우선 아내에게 사실을 알려야 합니다. 아내는 그러한 남편을 위로하고 다독여줘야 합니다.

"당신은 평생 한눈팔지 않고 처자식을 위해 헌신적으로 일했잖아요. 이제 지칠 때도 됐어요. 아무 걱정 말고 잠시 쉬도록 하세요. 그리고 다음 일은 천천히 함께 생각해 보자고요."

아내가 남편의 실직 사실을 듣고 이렇게 위로의 말을 하면 남편은 마음이 편해지고 마음을 정리할 수 있는 여유를 갖게 됩니다. 정신적 여유가 생기면 그다음, 다시 도전할 의욕과 용기를 갖게 됩니다.

그런데 남편의 실직 고백에,

"뭐어? 당신이 오죽 못났으면 해고당하는 거야? 어휴, 애당초부터 그럴 줄 알았어. 당신 제대로 하는 게 뭐가 있어? 이제 모두 죽어야겠구만…."

아내가 그런 식으로 말한다면 실직자를 두 번 죽이는 일입니다. 자녀들한테도 사실을 털어 놓는 것이 좋습니다. 초등학교나 중학생 자녀에게는,

"아빠가 당분간 회사 못 나간다. 너 지금 학원 세 개 다니지? 당분간은 하나밖에 못 다닐 거야. 우리 가족 가끔 외식하지? 당분간은 못할 거야."

하고 알려줘야 합니다. 자녀가 고등학생이라면,

"네 생각에는 아빠가 다음 직업은 무엇을 했으면 좋겠니?"

하는 식으로 장래를 상의하는 것도 좋은 방법입니다. 그러면 자녀들은

더욱 분발해서 공부에 열중합니다. 현실을 알았기 때문입니다. 지금까지 아빠가 롤 모델이었는데 상황이 바뀐 것입니다. 자녀들은 속으로 생각합니다.

'내 앞길을 내가 개척해야 돼.'

하며 스스로 노력을 다짐하는 것입니다.

둘째, 수정하라

세계적인 경제지인 〈포춘〉은 매년 '세계 500대 기업'을 선정합니다. 그런데 〈포춘〉에 선정된 세계적인 기업이라도 몇 년 뒤에 망하는 경우가 흔합니다. 500대 기업의 평균 수명은 40년이라고 합니다. 그 가운데 250개 기업이 탈락하는 데는 15년밖에 걸리지 않습니다.

이러한 사실은 현재 우리가 살고 있는 세상의 놀라운 '변화 속도'를 실감케 합니다. 오늘의 성공이 자동적으로 내일의 성공으로 이어지지 않는 세상입니다. 그렇다면 문제는 무엇일까요? 그 기업 구성원들이 나태해서일까요? 그런 것은 아닙니다. 엄밀하게 분석해 보면, 환경 변화에 따라 기업이 자신의 경영 전략을 수정하지 않았기 때문입니다.

내일도 오늘과 같을 것이라는 안이한 생각, 내년도 올해와 비슷하지 않겠느냐는 자만심이 경영 전략의 수정을 가로막고, 이것은 결국 거대한 글로벌 기업의 도산이라는 처참한 결과를 가져오는 것입니다. 환경의 변화를 민감하게 감지하고 그에 맞춰 경영 전략을 수정하는 것은 기업의 사활이 걸린 중요한 일입니다.

필자가 겪은 의미 있는 수정 사례 한 가지를 소개하겠습니다.

필자가 지방으로 강의를 갈 때 반드시 들르는 주유소가 있습니다. 이름이 '만땅 로또주유소'입니다. 이곳에서 기름을 만땅(가득)으로 채워달라고 하면, 종업원이 먼저 화이트보드와 펜을 가져다줍니다. 거기다가 고객 마음대로 세 자리 숫자를 적으라고 합니다. 가령 필자가 '315'라고 썼다고 칩시다. 그런데 기름을 가득 채웠을 때 주유기에 기름 값이 100,315원이 나왔다면 끝자리 숫자 세 개가 맞았으므로 기름 값은 공짜입니다. 말 그대로 로또 당첨입니다.

그래서 어느 날 필자가 주유소 사장에게 물었습니다.

"사장님, 저는 이 주유소 단골 고객인데 한 번도 못 맞췄거든요. 오늘 몇 명이나 맞췄습니까?"

사장은 무척 난처한 표정으로 주변을 둘러보다가 필자에게 귓속말을 했습니다.

"한 명도 못 맞춰유."

그 주유소는 생수도, 휴지도 주지 않습니다. 그럼에도 불구하고 주유하려는 차량들이 수없이 밀려들고 엄청난 돈을 벌고 있습니다. 그 주유소 사장은 우리나라 사람들의 욕구를 정확하게 읽고 있기 때문입니다. 공짜 좋아하고, 일확천금 좋아하는 우리들의 속성을 잘 알고 있기 때문에 그와 같은 경영 전략을 내세웠던 것입니다. 위기를 극복하려면 방법을 수정해야 합니다.

셋째, 열정을 다하라

지난 5월, 부산항에 미국 최대의 핵 항공모함 리미츠 호가 입항했었습니다. 이 리미츠 항공모함은 축구장 세 개의 넓이에 항공기 100대를 탑재할 수 있으며 승무원이 6천 명이나 되는 어마어마한 규모입니다. 길이가 330미터, 폭이 77미터, 높이가 23층 크기의 위용을 자랑합니다. 그런데 이 핵 항공모함이 리미츠라는 이름을 갖게 된 이유는 무엇일까요?

언제가 미국 대통령이 미국령인 태평양의 괌을 방문했을 때 일입니다. 그때 해군참모총장이 대통령을 수행하고 있었는데, 대통령의 호출을 받고 제복으로 갈아입으려 했습니다. 그런데 그때 큰 문제가 발생했습니다. 세탁소에서 참모총장의 제복을 잘못 관리하는 바람에 대장 계급장의 별을 분실한 것입니다.

참모총장은 물론이고 부하들까지 모두 당황했습니다. 그때 부관이 급하게 항공모함 내에 긴급 방송을 했습니다.

"함 내에 있는 제관, 사병들 가운데 혹시 대장 별을 가지고 있는 사람은 즉시 참모총장실로 가져오기 바란다."

사실 이 함내 방송을 할 때까지만 해도, 누군가 대장의 별 계급장을 가지고 있으리라고는 상상도 못했습니다. 모두 초조하게 기다리고 있을 때 한 젊은 소위가 대장 별을 들고 참모총장실로 왔습니다. 총장은 일단 다급한 상황이어서 일단 별을 달고 대통령의 호출에 응했습니다. 그 뒤 참모총장이 다시 돌아와 대장 별을 갖고 왔던 소위를 불렀습니다.

"자네는 소위인데 어떻게 대장의 별 계급장을 갖고 있었나?"

그랬더니 소위가 대답했습니다.

"예, 참모총장님. 제가 해군사관학교를 마치고 임관할 때 제 여자 친구가 대장 별을 저한테 선물로 주면서 '인생의 목표인 해군 제독이 되기 위해 열정을 한순간도 놓치지 마. 열정이 식을 때마다 이 별을 보고, 너의 열정을 다그쳐.' 라고 말해줬습니다. 그때부터 저는 항상 대장 별을 간직하고 제독이 될 꿈을 꾸고 있었습니다."

참모총장의 제복에서 분실된 대장 별이 아니라, 그 소위의 애인이 선물한 별이었지만, 상황의 다급함을 알고 자신이 간직하고 있던 별을 들고 달려왔던 것입니다. 그 소위의 이름이 '리미츠' 였습니다. 그는 결국 훗날 홀

룡한 해군 제독이 되었습니다.

　사실 각종 전투함들에는 사람의 이름을 붙이지만 항공모함에는 사람의 이름을 함부로 붙이지 않는 것이 일반적인 관례라고 합니다. 하지만 미국 최대의 핵 항공모함에 리미츠 제독의 이름을 붙인 까닭은 바로 리미츠 소위의 불타는 열정을 기리기 위한 것입니다. 열정은 자신은 물론, 세상을 바꿉니다.

　넷째, 긍정하라

　한참 고민이 많을 사춘기 때는 세상에 태어난 것을 후회하는 경우도 있습니다. 내가 태어나기 싫은데 부모님 때문에 태어났다고 생각하기도 합니다. 하지만 따지고 보면, 온전히 부모님의 의지로 태어난 것도 아닙니다. 과학적으로 보면, 나 자신이 간절히 원해서 태어났으며, 그 경쟁률은 무려 3억:1이라는 엄청난 경쟁에서 이겨 태어난 것입니다. 이러한 놀라운 경쟁은 이 세상 어디에도 없습니다. 아빠의 몸에서 70일간에 걸쳐 생성된 정자는 방출되는 순간부터 난자를 만나기까지 약 18센티의 거리를 뚫고 가야 합니다.

　이것은 정자 몸길이의 3,000배에 해당하는 아주 머나먼 거리입니다. 함께 출발하는 경쟁자는 무려 약 3억 개의 정자들입니다. 그들의 경쟁은 세상에서 가장 가혹한 레이스라고 할 수 있습니다. 정자들은 최고 속력 1분에 3밀리미터를 달리기 시작해서 27분 만에 8센티에 이르는 1차 관문을 통과하게 됩니다. 이 과정에서 무려 90%의 경쟁자들이 레이스 도중에 사망하게 됩니다. 그리고 나머지 10센티를 더 가면 드디어 2차 관문을 통과하고 생애 첫 목표물과 대면하게 됩니다.

　그러나 그 목표물인 난자의 크기는 정자인 자신보다 무려 100만 배가 더

큽니다. 여기까지 살아남은 정자는 약 200마리에 불과합니다. 이들 정자가 마지막 처절한 사투를 벌여 드디어 한 개의 정자만이 자신의 목표를 이루고, 세상으로 나오기 위한 위대한 전쟁에서 승리하게 되는 것입니다. 정자와 난자의 수정이 그것입니다.

그렇습니다. 우리가 이 세상에 태어난 것도 근본적으로 우리 자신이 선택한 것입니다. 매사에 긍정적으로 생각해야 합니다. 만약 위기에 빠지게 됐다면 앞에서 설명한 4단계를 기억하고 맞서 나간다면 좋은 결과가 있을 것입니다.

이희아 씨는 다시 설명하기도 거북스런 1급 장애인입니다. 심각한 선천적 장애인들은 대부분 부모의 도움에 의지하고 살아갑니다. 하지만 이희아 씨는 어머니의 도움을 받기는 했지만, 결코 포기하지 않는 끈질긴 집념으로 마침내 자기 꿈을 성취했습니다. 그처럼 불리하기 짝이 없는 상황에서도 자신의 꿈을 성취했는데, 비장애인이라면 못할 것이 없습니다. 문제는 실패, 위기 등에 과감히 맞서고, 절대 포기하지 않는 집념으로 자신의 꿈을 가꿔 나가는 것입니다.

[본죽
김철호 회장]

목적과 목표

김철호 회장이 양복 입고 호떡을 팔면서 성공한 핵심
키워드는 절실함입니다.
'이게 아니면 나는 죽는다.'
이런 절박한 마음을 가져야 절벽에서 떨어져도 살아납
니다. 절박한 마음으로 도전한다면 지금 당신이 겪고 있
는 좌절과 절망은 성공을 위한 연습일 뿐입니다.

절벽에서 이룬 꿈

본죽 **김철호** 회장

제가 김철호 회장을 처음 만난 것은 〈MBC 희망 특강 파랑새〉에서 강의를 할 때였습니다. 주인공으로 선정돼서 인터뷰를 갔는데, 김철호 회장께서 "죽 쑤는 사람이 뭐가 대단하다고 오셨습니까?" 하더군요. 맑은 심성을 가진 분이었습니다.

죽은 대개 소화가 잘 안 되거나 몸이 불편해서 신진대사의 기능이 떨어졌을 때 먹는 대용식입니다. 따라서 죽에 대한 이미지도 별로 대단치 않습니다. '죽을 쏜다'는 뭔가 잘 못하거나 뜻대로 이루어지지 않는다는 표현이고, '죽 쒀서 개 준다' '죽도 못 먹고 산다' 등 죽은 신통치 못한 이미지로 인식됩니다.

그런데 죽을 우리나라 최고의 프랜차이즈 브랜드로 만든 인물이 스스로 '죽 쑤는 사람'이라는 '본죽'의 김철호 회장입니다. 일반적으로 환자를 위한 대용식으로 받아들여졌던 죽을 일상식으로 바꾸는 발상의 전환을 통해 연간 3천억 규모로 국내 외식 죽 시장을 키운 인물입니다. 그는 손바닥만 한 구멍가게에서 시작하여 현재 국내외에 1,300여 개의 가맹점을 둔 대형 프랜차이즈를 만들었습니다.

우리가 김 회장에게 관심을 갖는 것은 그의 인생과 성공 스토리가 남의 얘기 같지 않기 때문입니다. 바로 우리 얘기, 우리 이웃의 얘기로 가까이 느껴지기 때문입니다. 또한 우리들도 언젠가는, 아니 이 시대를 사는 그 누구라도 김 회장의 실패로 가득한 인생 역정을 답습할 가능성이 높기 때문입니다. 그의 인생 자체가 절벽에서의 추락이었습니다. 매일같이 추락을 경험하는 것이었습니다. 하지만 김 회장에게는 단 한 가지 다른 사람과 차이가 있었습니다. 하는 일마다 절벽으로 추락하지만, 그 추락하는 횟수보다 한 번 더 도전을 감행한 것이었습니다.

김철호는 대학을 졸업하고 어느 종합 일간지 광고국에서 서울생활을 시작했습니다. 당시 그의 별명은 '지방판'이었습니다. 지방 대학을 졸업했기 때문에 붙은 별명이었습니다. 열심히 일해서 인정을 받았지만, 자신의 능력만으로 평가를 받고 싶은 욕구가 있었습니다. 그는 과감하게 신문사를 사직하고 자신의 사업을 시작했습니다.

첫 사업은 인삼 제조와 유통 사업이었습니다. 하지만 얼마 가지 못해 경험 부족으로 손을 들고 말았습니다. 이어서 다시 시작한 사업이 순식물성 목욕 세제를 수입해서 판매하는 프랜차이즈 사업이었습니다. 여성들이 좋아하는 목욕용품을 판매하는 점포 사업이었는데 예상 외로 반응이 좋았습니다.

그 무렵, 국민 소득이 1만 달러로 넘어서고 아파트가 대형화되는가

하면, 생활 수준이 높아지면서 점점 번창해 나갔습니다. 'B&B 하우스' '바디클럽' 등의 브랜드를 만들어, 한때는 전국에 350개가 넘는 가맹점을 둘 정도로 가파르게 성장했으며 연 매출 500억이 넘는 성공한 사업가가 됐습니다.

그러나 김철호 역시 1997년 말에 터진 IMF 외환위기를 피해가지 못했습니다. 환율 급등으로 졸지에 부도가 났습니다. 1998년 2월, 그는 하남 물류 창고에 쌓여 있던 산더미 같은 제품들이 채권단에 넘어가는 것을 눈물로 지켜봤습니다. 그는 회사가 부도가 났지만 도피하지 않았습니다. 변함없이 사무실에 출근해서 회사 정리 절차를 밟았습니다.

그는 이 과정에서 많은 것을 느꼈습니다. 특히 사람들에게 지쳤다고 했습니다. 별로 가깝지 않은 거래 관계자들은 안타까워하며 되도록 도움을 주려 하는데, 오히려 사업 과정에서 자신에게 혜택을 입은 가까운 사람들이 냉혹하게 변해 가차 없이 돌아서더리고 했습니다.

김철호는 불과 두 달 만에 알거지가 되고 말았습니다. 살던 집마저 경매에 넘어가고 부인과 세 딸은 뿔뿔이 흩어져야만 했습니다. 끼니조차 제대로 때우지 못하고 떠돌이 생활을 하며, 그 당시 많은 사람들이 그랬듯이 김철호도 차라리 자살을 하려고 몇 차례나 한강에 갔었습니다. 하지만 아내와 어린 세 딸을 남겨 두고 세상을 버릴 수는 없었습니다. 그는 유유히 흐르는 한강을 바라보며 마음을 가다듬었습니다.

또한 많은 반성을 할 수 있었으며 자신의 삶을 되돌아보는 계기가 되었다고 했습니다.

47

"어린 나이에 성공해서 교만해질 수 있었는데, 실패로 말미암아 '겸손과 감사'라는 소중한 자산을 얻었죠."

뿐만 아니라, 그는 마음을 비우니까 현실을 인정할 수 있었고 마음이 편해졌다고 했습니다. 마음을 가다듬은 김철호는 평소에 큰 관심을 가졌던 외식 사업으로 재기를 모색했습니다. 혼자 작은 음식점이라도 해볼 생각이었습니다. 하지만 그는 음식을 만드는 것에 대해 아는 것이 거의 없었습니다. 요리법이라도 배워야겠다는 생각이 들어 서울 갈월동 숙명여대 입구에 있는 요리 학원을 찾았는데 수강료를 낼 돈이 없었습니다.

그는 궁리 끝에 그 요리 학원에 무급 총무로 취직했습니다. 학원 한쪽 구석에서 먹고 자면서 학원 일과 청소 등 허드렛일을 하는 조건으로 요리를 공짜로 배우기 시작했습니다. 학원 총무의 일은 허드렛일뿐만이 아니었고, 각종 행정 업무, 학원 홍보까지 맡아야 했습니다. 그는 원장이 시키지도 않았는데 수도권의 조리학과가 있는 대학을 찾아다니며 요리 학원을 적극적으로 홍보해서 수강생을 두 배로 늘렸습니다.

요리 학원에서 인정을 받았지만, 문제는 수입이 없으니 가족의 생계를 해결할 방법이 없는 것이었습니다. 무엇인가 수입이 될 만한 일이 필요했던 그는 요리, 즉 먹는 것과 관련시켜 온갖 생각 끝에 호떡 장사를 생각했습니다. 그냥 남들과 똑같이 길모퉁이에 허름한 포장마차를 세워놓고 남들과 같은 천편일률적인 호떡을 파는 것이 아니라 남들과 차별화된 호떡장사를 해보기로 결심했습니다.

우선 서울에서 맛있는 호떡 만들기로 소문난 호떡장사를 찾아가 기술을 가르쳐 달라고 사정했습니다. 그러나 쉽게 가르쳐줄 리가 없었습니다. 그가 포기하지 않고 사흘 동안이나 끈질기게 달라붙어 사정을 얘기하고 통사정을 하여 호떡 만드는 기술을 전수받았습니다. 그다음 호떡장사를 할 수 있는 장소가 필요했습니다.

그는 요리학원 원장에게 사정했습니다.

"원장님, 학원 앞에 공터가 있는데 제가 거기서 호떡장사를 하면 안 될까요?"

원장은 학원 앞의 미관을 해친다는 구실로 처음에는 반대했지만 절대로 미관을 해치지 않고 남들과 차별화된 호떡장사를 하겠다는 그의 간청에 못 이겨 허락했습니다. 김철호는 정말 다른 호떡장사와 크게 차별화된 호떡장사를 시작했습니다. 허름한 포장마차가 아니라, 전문가가 멋지게 디자인한 세련된 모습의 포장마차를 세웠습니다. 그리고 요리사들이 쓰는 깨끗한 위생모, 깔끔한 양복차림에 넥타이까지 매고 호떡을 만들었습니다. 또한 호떡 누르는 기계를 따로 맞춰 우리나라에서 제일 맛있고 제일 큰 호떡을 내걸었습니다. 조리법도 요리학원 강사들과 상의해서 새로운 맛의 호떡을 지향했습니다.

그렇지만 막상 호떡장사를 하려니까 창피한 생각이 들어 발걸음이 떨어지지 않았습니다. 한때 수많은 직원을 거느리고 연매출 500억 원을 올리던 중견 사업가가 길거리 호떡장사를 하다니, 좀처럼 나설 용기가 나지 않았습니다. 그는 화장실에 가서 혼자 수없이 다짐하고, 나서려다

49

PART 1 | 결핍 - 성장의 동력이다

가 머뭇거리고, 다시 화장실에 들어가 다짐하고, 몇 차례나 망설이다가 결단을 내렸습니다. 그리고 호떡을 만들었습니다. 신나는 카세트 음악 테이프도 틀었습니다. 호떡 만드는 자신이 신바람이 나야 손님들도 즐겁고 호떡을 더욱 맛있게 느끼도록 하기 위해서였습니다.

낮에는 학원에서 총무로 일하고 오후 네 시에는 포장마차를 열고 열심히 호떡을 만들었지만 처음부터 잘될 리가 없었습니다. 지하철 탈 돈이 없어서 역무원에게 통사정을 해야만 했고, 팔다 남은 호떡으로 가족들의 끼니를 이어가면서 그는 꾸준히 호떡장사를 계속했습니다.

그는 "내가 만든 호떡이 우리나라에서 가장 맛있는 호떡이라고 장담할 수는 없지만, 가장 큰 호떡을 만든 것은 틀림없습니다."고 말했습니다. 차츰 호떡이 팔리기 시작했습니다. 호떡을 사는 사람들이 끊이지 않자, 며칠씩 계속해서 찾아와 그가 호떡 만드는 것을 지켜보는 사람들도 있었습니다.

"거의 대부분 양복을 입은 말쑥한 사람들이었는데, 나처럼 IMF로 인해 갑자기 살기 어려워진 사람들이었죠. 그런 사람들에게 비용을 받고 호떡장사 노하우를 가르쳐 주었죠. 어려운 사람들에게 그러면 안 되는데 당시 나도 무척 절박했죠. 지금까지 살아오면서 가장 후회되는 일입니다. 그렇게 어렵고 다급한 사람들에게 그냥 노하우를 알려줘야 했습니다."

사실 당시 IMF로 갑작스럽게 직장을 잃은 많은 사람들이 호떡장사를 했습니다. 사람들의 통행이 잦은 큰 사거리는 네 모퉁이에 모두 호떡 포장마차가 있을 정도였습니다. 김철호는 이렇게 말했습니다.

"저는 몰랐는데, 제 아내가 멀리서 제가 호떡을 파는 모습을 지켜봤던 모양입니다. 어느 날 아내가 포장마차에 나타나더니 아무 말 없이 제 옆에서 호떡을 굽더라고요. 그때부터 부부 호떡장사가 된 겁니다."

신바람 나는 호떡가게. 포장마차의 이름도 '꿀떡개비'라고 붙였습니다. 차츰 입소문이 나고 단골손님들이 크게 늘어나면서 호떡장사가 점점 잘되기 시작하여 수입이 의외로 괜찮았습니다. 하루 20만 원 정도의 매상이 올랐습니다. 조금씩 생활형편도 나아졌습니다.

"호떡장사 해서 얼마나 벌었겠습니까? 그보다 두 가지를 배운 것이 큰 성과였죠. 하나는 음식 장사는 손님들한테 많이 퍼준다고 해서 절대 망하지 않는다는 것과, 또 고집스럽게 정직해야 한다는 것이죠."

김철호에게 호떡 장비를 만들어준 친구가 있었습니다. 호떡장사가 잘되는 것을 본 그 친구가 함께 '창업 컨설팅' 사업을 해보자고 제안했습니다. 김철호는 호떡장사를 1년 만에 그만두고 그 친구와 함께 사업을 시작했습니다. 요리 학원을 겸해서 창업 컨설팅까지 해주는 사업 아이디어였는데, 그런 아이템이 없었던 탓에 기대 이상으로 반응이 좋았습니다.

그 무렵, 요리 학원들은 자격증 취득을 위한 강의가 목표였는데, 직접 요리 실습까지 할 수 있고, 더욱이 식당 창업 컨설팅도 해주니까 인기가 높을 수밖에 없었습니다. 사업 자금과 관리는 친구가 맡고, 김철호는 운영을 맡았었는데 사업이 기대 이상으로 잘되자 친구가 본격적으로 이

51

사업에 뛰어들었습니다. 당연히 견해 차이도 생기고 김철호의 역할이 크게 축소돼 그만둘 수밖에 없었습니다. 그는 '일은 같이 하되 리더는 하나'라는 비즈니스의 불문율을 절감했습니다.

2002년 봄, 김철호는 또다시 빈털터리가 되었습니다. 무엇인가 도전해야만 했습니다. 그동안 그가 목표로 했으며 전문 지식을 익혀 온 것, 그의 목표는 음식 장사, 외식 사업이었습니다. 그는 아내와 의논했습니다. 아내는 돈가스나 우동 전문점을 열자고 했습니다. 그는 '죽 전문점'을 하고 싶다고 했습니다. 아내가 펄쩍 뛰었습니다.

"왜 하필 죽 전문점이에요? 여기서 더 실패하면 우리는 정말 갈 곳이 없어요."

하지만 그는 주장을 굽히지 않았습니다. 죽 전문점은 김철호가 평소에 깊이 관심을 가져온 사업 아이템이었습니다. 창업 컨설팅을 할 때도 무려 60여 명에게 죽 전문점을 적극적으로 추천했는데, 아이디어는 좋지만 대중적이지 못하다면서 아무도 시도하지 않은 아이템이었습니다.

우여곡절 끝에 죽 전문점을 열기로 아내와 합의했습니다. 그 얘기를 들은 주변에서도 한사코 말렸습니다. '죽 쒀서 개 준다'는데 수많은 음식 종류 가운데 왜 죽 전문점이냐며 반대가 심했습니다. 그러나 그는 뜻을 굽히지 않고 전국의 죽 집을 일일이 찾아다니며 죽 맛을 보고, 6개월 동안 직접 여러 식재료로 죽을 쒀어 맛을 실험했습니다.

틀림없이 죽 전문점은 '남들이 하지 않는 것'이었습니다. 당시 죽 집은 서울에 거의 없었습니다. 그는 2002년 8월, 서울 혜화동 구석에 허름한 2층 식당자리를 얻었습니다. 서울대병원 입구라고 할 수 있겠지만 한참 외진 곳이었습니다. 그곳에서 식당을 하던 사람이 장사가 잘 안 돼 그만두려고 가게를 내놓은 것입니다. 그가 가게를 빨리 처분하려고 건물 주인과 적극적으로 타협해서 권리금, 보증금, 월세를 크게 깎아줘서 김철호 부부는 그곳에 들어갈 수 있었습니다.

식당 규모는 20평 정도였습니다. 깔끔하게 내부 수리를 하고 '본죽'이라는 상호를 내걸었습니다. '본本'은 맛과 정성, 정직이라는 기본을 지키자는 의미였습니다. 상호를 짓고 보니 자신이 가야 할 방향과 잘 들어맞았습니다. 그다음 메뉴 개발에 두 가지 원칙을 세웠습니다. 죽이 지니고 있는 전통과 젊은 층이 즐길 수 있는 맛, 그 두 가지였습니다.

처음에 개발한 메뉴는 영양 맛죽 7가지, 전통 건강죽 6가지를 합쳐 13가지였습니다. 브랜드도 시대에 맞게 잠신하게 디자인하고 영어와 일본어를 병행해서 표기했습니다. 그는 처음부터 프랜차이즈 사업과 해외 시장 진출을 염두에 둔 것입니다. 외국에서도 인정받는 한국의 브랜드를 지향한다는 것이 그의 목표였습니다.

마침내 2002년 9월 9일, 서울 혜화동 후미진 곳에서 '본죽' 직영점이 탄생했습니다. 김철호는 하루에 100그릇 이상이 팔릴 것을 기대했습니다. 그러나 그의 기대는 크게 빗나갔습니다. 첫날 매출이 겨우 10만 원을 조금 넘기더니 다음 날은 그 아래로 떨어졌습니다. 죽은 환자용이지 한 끼 식사가 되지 않는다는 고정 관념이 문제였습니다. 그러나 아주 절망적인 것은 아니었습니다. 일주일 동안의 실적을 분석해 보니, 재방문 고객의 숫자가 늘어나고 있다는 사실이 무척 고무적이었습니다.

가능성이 보이자 그는 홍보에 주력했습니다. 혜화역에 나가 전단지를 돌렸습니다. 항상 깨끗하고 단정한 차림으로 성의껏 전단지를 나눠주고 20대 여성들을 주요 타깃으로 하면서 매일 대상을 바꾸기도 했습니다. 차츰 효과가 나타났습니다. 재방문 고객이 또 다른 고객을 데려오는 등 손님이 늘어나기 시작했습니다. 서울대병원에도 매일같이 전단지를 부착하고 몸에 좋은 영양가 높은 죽, 맛있는 죽을 홍보했습니다.

드디어 개업 석 달 후, 하루 매상 100그릇을 돌파했습니다. 고객들의 의견을 모아 보니, 다소 비싼 가격이 걸림돌이라는 것과 죽이 대용식이 못 되고 여전히 환자나 노인용이라는 인식이 문제였습니다. 김철호는 양이 많다고 하지만 젊은 여성들도 한 그릇을 깨끗이 비우는 것을 보았으며 먹을수록 포만감이 높아져 식사용으로 문제가 없다고 판단했습니다. 죽의 가격은 7천 원이었습니다. 당시 일반적인 대중식이 평균 5천 원 정도였으니까 다소 비싼 것은 사실이었습니다. 하지만 가격을 낮추면 좋은 식자재를 쓸 수 없기 때문에 그대로 밀고 나갔습니다.

그는 그 대신 브랜드의 이미지를 높이는 데 주력했습니다. 그렇지 않으면 가격 경쟁력에서 밀릴 수 있기 때문이었습니다. 이 전략은 성공했습니다. '본죽'에 대한 좋은 이미지가 확산되며 손님이 크게 늘어났습니다. 더욱이 방송 PD의 눈에 띄어 '색다른 먹거리'로 방송에 소개된 뒤 '본죽'은 유명세를 탔습니다. 혜화동이나 대학로의 손님들뿐 아니라, 다른 지역에서도 손님들이 일부러 본죽을 찾아왔습니다.

이렇게 본죽이 유명세를 타자, 멀리 부산에서 사람이 찾아왔고, 마침내 첫 프랜차이즈 가맹점이 부산에서 탄생했습니다. 방송의 영향이 컸습니다. 2003년 4월이었습니다. 첫 가맹점이 탄생하는 날, 그의 아내는 펑펑 울었습니다. 그의 사업 목표와 방향이 더욱 굳어지는 계기이기도 했습니다.

프랜차이즈는 무섭게 탄력을 받았습니다. 가맹점 1호 이후, 7개월 뒤인 2003년 12월 100호 가맹점을 돌파했습니다. 대단한 속도였습니다. 그는 몰라보게 외형이 커지자 내실을 추구했습니다. 2005년 8월에는 '본죽'의 영문 머리글자를 따서 (주)BJ식품 성남공장을 오픈했습니다.

그뿐이 아니었습니다. 한국 전통 음식의 세계화를 위해 중국 광저우, 일본 동경 아카사카, 미국에 현지 법인을 세우고 LA에 미국 본점 1호를 오픈하고 동남아시아 말레이시아에도 진출했습니다. 해외 가맹점의 운영은 맥도널드나 스타버스와 같았습니다. 가맹비와 노하우를 팔고 로열티를 받는 것입니다.

그는 국내외에 무작정 가맹점을 늘리는 것이 아니라, 가맹점을 직접 교육시켜, 본죽의 근본 정신에서 벗어나지 않도록 절저히 지도했습니다. 그것이 그의 사업 정신이자 의무라고 여겼습니다.

"경영자의 가장 큰 책임과 의무는 회사를 망하지 않도록 하는 것입니다. 특히 프랜차이즈 사업은 가맹점주가 망하지 않도록 철저히 돕고 지원해야 합니다. 또한 나의 과거처럼 잘못 판단하거나 성실하지 못하고 딴짓을 하다가 나락으로 떨어지는 사람이 없도록 해야 합니다."

그는 2007년 1월, 죽에 이어서 두 번째 브랜드를 개발했습니다. '본비빔밥'이었습니다. 우리의 전통 음식인 비빔밥이 여러 장점을 지니고 있다는 사실에 착안한 것입니다. 비빔밥은 패스트푸드로서 시간적인 장점이 있을 뿐 아니라, 어느 나라라도 그 나라의 식재료를 이용할 수 있는 문화적인 장점이 있다는 점을 고려한 것입니다. 따라서 우리나라가 세계에 내놓을 수 있는 고유 음식이었습니다.

한 가지, 비빔밥은 남아 있는 밥이나 음식을 비벼서 만든다는 인식을 없애야 했습니다. 아울러 갖가지 식재료가 섞이는 통합의 정신을 강조했습니다. 또한 웰빙 음식이며 계절 음식으로 계절적으로 다양한 종류가 들어가는 음식이라는 장점을 널리 알렸습니다. 본비빔밥 프랜차이즈도 큰 성과를 얻어 빠른 시일에 가맹점이 100개가 넘었습니다.

현재 본죽 프랜차이즈 가맹점은 국내외에 1,300개가 넘습니다. 김철호 회장은 2015년까지 전 세계에 5,000개의 가맹점을 목표로 하고 있습니다. 하지만 그에게 그러한 숫자는 크게 중요하지 않습니다. 그것은 자신이 가고자 하는 목표와 방향을 이끄는 이정표 역할을 할 뿐입니다.

목적과 목표는 다른 개념입니다. 목적은 자칫하면 돈을 많이 버는 것이 될 수 있습니다. 따라서 목적을 달성하면 대부분의 경우, 자신은 성공했다고 생각하고 안주하기 쉽습니다. 그러나 목표는 다릅니다. 목표는 삶의 추구이자 살아가는 방향입니다. 김철호 회장에게는 오직 목표만 있을 뿐입니다. 그리하여 그는 본죽에서 시작해서 본비빔밥, 본도시락, 본죽&본비빔밥 카페 등으로 사업 영역을 다각화하고 있습니다. 하지만 그의 목표이자 방향은 오직 하나, 외식 산업입니다. 그는 2012년 '본사랑 재단'을 설립하여 다문화 가정과 불우이웃에 죽을 지원하면서 장학 사업을 펼쳤습니다. 자신이 어려웠던 시절을 생각하며 어려운 사람들을 돕기 위한 것입니다.

김철호 회장이 오늘날의 성공을 이룬 배경에는 두 명의 여자가 있습니다. 바로 어머니와 아내입니다. 부친은 김 회장이 불과 아홉 살 때 5남매를 남겨두고 세상을 떠났습니다. 당시 36세였던 어머니는 여자 혼자의 힘으로 자녀들이 '과부자식'이라는 소리를 듣지 않게 하기 위해서 엄청난 고생을 했습니다. 5남매 가운데 4남매를 대학까지 보냈으니 대단한 분입니다.

김 회장은 어머니를 가리켜 긍정, 그 자체라고 했습니다. 항상 '하늘이 무너져도 솟아날 구멍이 있다' '높은 탑은 부너지지 않는다'는 긍정적인 마음가짐으로 어려움을 헤쳐 나가셨다고 했습니다. 김 회장은 대학생 때 지금의 아내를 만나 연애를 했는데, 김 회장이 매일 여자 친구를 만나고 돌아다니니까 어머니는 '너희들 그러지 말고 결혼하라'고 하셨습니다. 어느 날 여자 친구의 사춰방에 같이 가보자고 하시더니 여자 친구에게,

"야, 짐 싸라. 우리 집으로 가자."

이러실 정도로 현실적이고 긍정적인 분이었습니다. 그러한 어머니의 긍정 마인드와 격려가 김 회장 성공의 바탕이 된 것입니다.

그의 아내 역시 김 회장이 삶을 지탱하는 원동력이 됐습니다. 그가

목욕 세제 수입용품 점포를 내려고 했지만 돈이 없어서 매일같이 고민할 때였습니다. 어느 날 집에 들어갔더니 아내가 소주 상을 차려 놓고 마주 앉게 했습니다.

"이 집을 팔아서 그 돈으로 사업을 시작하세요."

하는 것이었습니다. 결국 집을 팔아 사업을 시작했고 가족은 월세 방으로 이사했습니다. 목욕 세제 사업은 크게 번창했으나 앞서 밝힌 바와 같이 IMF 외환 위기로 하루아침에 망하고 말았습니다. 그 뒤, 김 회장이 부끄러움을 무릅쓰고 호떡장사를 시작했을 때, 멀리서 지켜보다가 말없이 함께 호떡을 만들던 아내였습니다. 김 회장은 그때 눈물이 왈칵 쏟아졌습니다. 진정으로 아내는 그의 삶을 지탱하는 원동력이었습니다.

김철호 회장의 책장 위에는 천칭 저울이 놓여 있습니다. IMF 위기로 모든 것을 날리고 알거지가 되었을 때, 사업을 정리하면서 남은 전 재산이 가방 하나와 천칭 저울이 전부였습니다. 그는 아직까지 그 저울을 버리지 않고 있는 것입니다. 그 이유를 이렇게 말했습니다.

"그날 절벽으로 추락했던 절망을 잊지 않기 위해서입니다."

가슴속에 피멍이 든 그날의 아픔을 잊지 않기 위해 매일 천칭 저울을 보면서 새로운 마음으로, 비장한 각오로 도전하고 있는 것입니다.

사업 기회의 창

우리는 국내외에서 영원히 잘 나갈 것 같은 대기업이 갑자기 망하는 경우를 자주 봅니다. 그 이유는 무엇일까요? 기업이 망하는 이유는 여러 가지가 있지만 많은 기업들이 아주 간단한 이유로 망하고 맙니다. 그것은 '사업의 기회가 열리면 반드시 닫히는 때가 온다'는 사실을 인식하지 못했기 때문입니다. 이것은 사업을 시작하는 사람들의 공통된 '착각'에서 비롯되는 경우가 많습니다.

"다른 사람은 모르겠지만, 반드시 내 사업만큼은 영원히 잘되고 성공할 것입니다."

이런 착각이 그것입니다. 실제로 사업을 시작한 후, 그것이 성공하게 되면 처음에는 대부분 상승곡선을 그리며 진행됩니다. 그런데 문제는 반드시 하향곡선을 그리면서 닫히는 때가 온다는 사실입니다. 결론적으로 말하면 아무리 좋은 사업 아이템이라도 멈추지 않고 성장만 지속하는 아이템은 없다는 얘기입니다. 이것을 '사업 기회의 창'이라고 말합니다.

일반적으로 사업에서 대규모 수익이 창출되는 시점이 바로 사업 기회의 창이 열리는 순간입니다. 연구에 의하면 사업은 시작으로부터 통상 5년이 지나면서 소위 수익이 창출되는 사업 기회의 창이 열립니다.

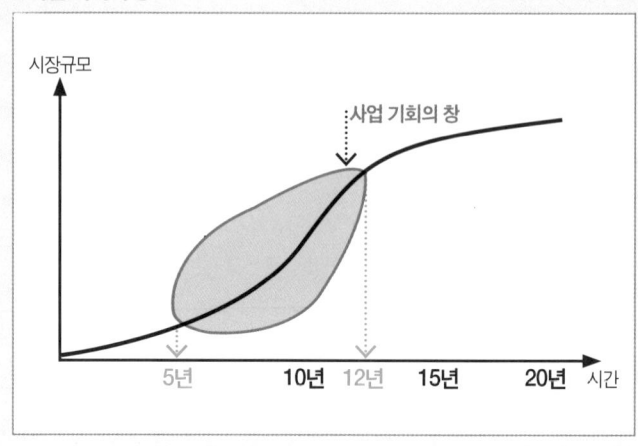

◆ 사업 기회의 창

    그러다가 시작으로부터 12년이 되면 사업 기회의 창이 닫히게 됩니다. 즉 수익이 창출되는 기간은 7년에 불과합니다. 결국 이것은 새로운 아이템을 개발하지 않거나 변신을 꾀하지 않으면 어떤 기업이든 12년쯤 지나면 쇠락하게 되는 것을 의미합니다.

    한 가지 예를 들어보겠습니다. 세계 최초로 무선 통신기기가 나와 세상을 놀라게 한 적이 있습니다. 첫 번째 작품이 무선 호출기 '삐삐'였습니다. 1982년 우리나라에 첫선을 보인 삐삐는 우리의 라이프스타일 자체를 완전히 바꿔 놓았습니다. 우리나라에서만 약 1,500만 명이 삐삐를 구입했으며 제품을 만든 회사의 주가는 연일 상한가를 쳤습니다. 당시 삐삐를 개발한 회사는,

    "우리는 세계 최초로 무선 호출기 삐삐를 만들었고 현재 전 세계에서 사용하기 때문에 영원한 사업이 될 것입니다."

    라고 했습니다. 그러나 삐삐 열풍을 한방에 잠재운 것이 바로 시티폰 (CT2)이었습니다. 시티폰은 수신이 안 되는 단점이 있음에도 공중전화 요

금으로 전화를 걸 수 있다는 사실에 많은 사람들이 열광했습니다.

당시 20여 개의 사업자들이 시티폰 사업에 매달렸고 모두 사업 기회의 창이 오래도록 열려 있을 것으로 판단했습니다. 하지만 불과 2년쯤 지나 새롭게 'PCS폰'이 등장해서 시티폰을 잠재워 버렸습니다. 그 뒤 잇따라 CDMA, WCDMA 등이 개발되어 쏟아져 나왔습니다. 현재 우리나라 이동통신 가입자는 무려 5,000만 명을 넘어섰습니다. 다시 말하면 그만큼 수익 창출 기간도 짧아졌다는 것입니다.

그러나 사업 기회의 창이 닫히면 또 다른 사업 기회의 창이 열린다는 사실입니다. 세계적 기업인 '듀퐁'은 원래 화약을 만들던 회사였습니다. 1900년대 초반, 다이너마이트가 경쟁 상품으로 등장하면서 시장 규모가 축소되자, 듀퐁은 시장의 패러다임이 변했다는 사실을 직감하고 화학 섬유 회사로 전환했습니다. 그리고 2000년대에 들어와서는 화학 섬유 시장의 비중을 줄이고 화학 신소재 및 바이오 회사로 전환하고 있습니다.

이처럼 시장이 바뀌고 시장의 요구와 패러다임이 바뀜에 따라 기업과 사업가는 자신의 핵심 역량도 바꾸지 않으면 버티기 어렵습니다. 바로 사업 기회의 창을 읽을 수 있는 안목을 가져야 합니다.

『초우량 기업의 조건』이라는 책을 쓴 톰 피터스는 자신의 저서에서 초우량 기업으로 지목했던 43개 기업 가운데 70%가 망하거나 별 볼 일 없는 회사로 전락하는 데 불과 5년밖에 걸리지 않았다고 지적했습니다.

그와 함께 초우량 기업은 애초부터 존재하지 않는다고 주장하며 초우량 기업이란 관찰하던 특정 시점에서 좋은 성과와 사례를 보여준 기업일 뿐이라고 했습니다. 실제로 어느 조사에서 보면 초우량 기업의 존속 기간이 1920년대에는 50년, 1980년대에는 25년, 현재는 10여 년으로 점점 단축되고 있는 실정입니다.

왜 이런 현상이 일어날까요?

첫째, 활동성 타성으로 변화에 대응하지 못하거나,

둘째, 경영상의 오류,

셋째, 혁신 사이클이 너무 짧기 때문입니다.

혁신은 산업 내의 긴장과 역동성을 창출하고, 이것은 다시 시장 주도 기업이 뒤바뀌는 변화를 야기합니다.

'본죽'의 김철호 회장은 앞에서 지적했듯이 본죽으로 시작해서, 본비빔밥, 본도시락, 본죽&본비빔밥 카페 등으로 사업 영역을 다각화하고 있습니다. 이것은 시장의 변화와 요구를 파악해서 '사업 기회의 창'이 닫히기 전에 발 빠르게 새로운 아이템을 준비해 나가는 것입니다.

잘나간다고 타성에 빠지거나 좌절하여 포기하지 않고, 어떤 변화에 적극적으로 대처해서 '사업 기회의 창'을 열려면, 미래를 내다보는 안목과 함께 절박함과 도전 정신이 있어야 합니다.

김철호 회장은 좌절의 수렁에서 포기하지 않고 부끄러움을 무릅쓰고 호떡장사를 시작했습니다. 남부럽지 않던 사업가가, 길거리에서 손수레만 한 포장마차를 세워 놓고 호떡장사를 한다는 것은 결코 쉬운 일이 아닙니다. 김 회장이 인삼 제품, 목욕 세제 사업을 할 때 "길거리에서 호떡장사를 할 수 있겠느냐?"고 물었다면 틀림없이 절대로 못한다고 했을 것입니다.

그러면 무엇이 그에게 그런 용기를 주었을까요?

무엇보다 '절박함'이었습니다. '이것이 아니면 죽는다'는 목숨을 건 절박함이었습니다. 그는 수많은 좌절과 실패는 오늘을 위한 연습이었다고 말합니다. 그러한 것들이 없었다면 오늘날의 성공 동력을 얻을 수 없었을 것이라고 자신 있게 말합니다.

그다음은 '도전'입니다. 예컨대 좋은 직장에 다니다가 실직한 사람들에게 호떡장사라도 해보라고 하면, 거의 대부분 창피해서 못한다고 할 것입니다. 그것은 절박함이 부족하기 때문입니다. 그런데 "당신이 호떡장사를 하면 김철호 회장처럼 100% 성공을 보장합니다."고 하면 어떨까요? 당연히 대부분 호떡장사를 시작할 것입니다. 여기서 문제는 '무엇이 먼저냐?' 하는 것입니다. 보장이 먼저냐, 행동이 먼저냐 하는 문제입니다. 바꿔 말하면 '되면 한다'와 '하면 된다'의 문제입니다.

해답은 간단합니다. 당연히 도전이 먼저입니다. 현실적인 좌절에 사로잡혀 아무것도 하지 않는다면 그 사람의 성공 확률은 0%입니다. 그러나 도전을 시작하면 확률이 바뀝니다. 도전하는 순간, 실패할 확률과 성공할 확률은 각각 50%입니다. 0%가 50%로 바뀌는 것입니다. 도전할 것인가, 포기할 것인가. 선택의 여지가 없는 문제입니다. 도전해야 합니다. 도전해야 사업 기회의 창도 열릴 수 있는 것입니다.

인천재능대학교
이기우 총장

이기우 총장의 삼실(三實)

삼실이란 매사에 정성을 다하는 마음인 성실(誠實), 자기 자신에게 진실하기 위해서는 '예전의 나' 라는 라이벌을 죽여야 하는 진실(眞實), 간절히 구하는 자세와 가슴을 울리는 절실(切實)을 가리킵니다. 다시 말하면 모든 사람에게 정직하게 진실하고, 최선을 다해 성실히 일하며, 상대의 마음을 열 수 있도록 절실하게 노력하는 것입니다.

인생을 바꾼 삼실三實

인천재능대학교 **이기우** 총장

이기우 총장은 만나는 사람들을 모두 자기편으로 만드는 신기한 재주를 가진 분입니다. 지위고하를 막론하고 만나기만 하면 한결같이 팬으로 만들어 버립니다. 처음 만난 사람은 물론 대학의 심사나 평가를 하러 온 정부 관리나 타 대학 교수들도 돌아갈 때는 팬이 되어 돌아갑니다. 그 신기한 비밀을 찾아보기로 합니다.

'고졸 9급 신화' '발 치수 320미리의 마당발' '이기우를 통해서 안 되면 애당초 안 되는 것' '100년에 한 번 나올까 말까 한 공무원' '행정의 달인' 등등, 숱한 별명의 주인공, 9급 말단 공무원으로 공직 생활을 시작해서 교육부 차관까지 역임함으로써 진정한 공직자의 상징과 신화가 된 주인공이 현재 인천재능대학교 이기우 총장입니다. 그는 한국선문대학교 육협의회장까지 맡고 있습니다.

1948년생으로 65세인 그는 경남 거제에서 태어나, 1967년 부산고등학교를 졸업하고 건강과 가정 형편으로 대학에 진학하지 못했습니다. 몇 개월을 허송세월하다가 9급 국가 공무원 시험을 봤는데 합격했습니다. 그렇게 공직 생활에 첫발을 들여 놓은 이래, 탁월한 업무 능력을 인정받아 40년 만에 순수한 공무원으로 당시 교육인적자원부 차관까지 오른 입지전적인 인물입니다.

사실 이 총장이 처음부터 공직 생활에 뜻을 둔 것은 아닙니다. 고등학교 졸업 후, 시급한 취업의 방편으로 공무원 시험에 응시했던 것입니다. 그는 우체국에서 서기보로 일하며 재수해서 대학 입시를 치르려고 했습니다. 그런데 복잡하고 분주한 우체국 업무를 하면서 입시 공부하기는 쉽지 않았습니다. 일을 하더라도 시간적 여유가 있는 일을 하며 고향에서 대학 입시에 몰두하고 싶었습니다.

그는 다시 9급 국가공무원시험을 치러 합격했습니다. 우체국은 8개월 만에 그만두고 그가 의도했던 대로 대학 입시 준비하기가 편한 고향인 거제 교육청의 서기보가 됐습니다. 또한 그의 생각대로 업무는 대충 처리하고 공부에 열중했습니다. 말하자면 공식적인 일을 제대로 안 한 것입니다. 공직 생활에서 그런 태도가 오래갈 리 없었습니다.

교육청의 상사가 그가 일을 제대로 안 하는 것을 알고 아예 그의 책상을 빼버리고 시설계로 보내버렸습니다. 절차를 밟아 내쫓으려는 조치였습니다. 이 총장은 정신이 번쩍 들었습니다. "이러다가는 안 되겠다. 인정을 받아야겠다."는 생각에 그때부터 화장실 가는 시간만 빼고 주어진 업무에 필사적으로 매달렸습니다.

몰라보게 달라진 그의 성실한 태도와 업무 처리 능력이 상사들의 눈에 띄어, 시설계로 쫓겨간 지 몇 개월 후에 다시 서무계 원위치로 돌아올 수 있었습니다. 아울러 그는 그때부터 일하는 재미에 푹 빠지게 되었습니다. 공직 생활에 최선을 다해보겠다는 결심을 굳히고 대학 입시 공부는 완전히 접었습니다.

업무는 열심히 할수록 더욱 재미있었습니다. 스스로 일에 재미를 느끼고 오직 업무에만 몰입하니 탁월한 업무 처리 능력이 단연 돋보였고, 원만한 대인관계까지 점점 인정을 받았습니다. 자연히 그에 대한 인사 고과 점수가 높아 빠르게 승진했습니다. 또한 5급 사무관 승진 시험에 단번에 합격했습니다.

간부가 되면서 그의 능력은 더욱 빛났습니다. 사무관으로 승진한 지 5년 만에 정부의 중앙 부처인 당시 교육부에 입성했습니다. 뿐만 아니라 승승장구해서 총무과장, 공보관, 부산시 부교육감, 지방교육행정국장, 기획관리실장 등 요직을 두루 거쳤습니다.

그 무렵, 정치 변동이 심해서 그가 교육부 기획관리실장으로 있는 4년 동안, 장관이 일곱 번이나 바뀌었습니다. 장관이 자주 바뀌니 특히 국회의 교육부 업무 보고와 처리는 실질적으로 거의 그가 도맡아야 했습니다. 그는 업무 처리도 뛰어났을 뿐 아니라, 남다른 친화력으로 좋은 평가를 받았습니다. 워낙 국회와의 관계는 물론, 대인관계가 좋아서 '발치수 320미리 마당발'이라는 별명을 얻게 됐습니다.

이 총장은 한국교직원공제회 이사장이 되어, 교육부를 잠시 떠났지만, 곧 화려하게 다시 공직자로 복귀했습니다. 당시 이해찬 국무총리가 그를 비서실장으로 발탁한 것입니다. 사실 이 총장과 이해찬 총리의 인연은 각별합니다.

이해찬 총리가 교육부 장관으로 재임했던 1998~99년 이 총장은 지방교육행정국장, 교육환경개선국장, 교육자치지원국장으로 지방 초중등 교육의 교육 환경 개선 등 굵직굵직한 개혁 현안 추진에 심혈을 기울였었습니다. 일을 맡기면 '100% 완제품'을 만들어 내는 이 총장을 가리켜 이해찬 총리는 사석에서 '100년에 한 번 나올까 말까 한 공무원'이라고 표현했습니다.

이 총장은 오늘의 자신을 있게 한 것은 '삼실三實'이라고 말합니다.

삼실이란 매사에 정성을 다하는 마음인 성실, 자기 자신에게 진실하기 위해서는 '예전의 나'라는 라이벌을 죽여야 하는 진실, 간절히 구하는 자세와 가슴을 울리는 절실을 가리킵니다. 다시 말하면 모든 사람에게 정직하게 진실하고, 최선을 다해 성실히 일하며, 상대의 마음을 열 수 있도록 절실하게 노력하는 것입니다.

결코 어려운 얘기가 아닙니다. 누구나 생각할 수 있는 덕목들입니다. 하지만 많은 사람들이 입으로만 말할 뿐, 그것을 진정으로 실천하기는 쉽지 않습니다. 이 총장의 성공 비결은 그러한 덕목을 좌우명으로 삼고 빈틈없이 실천해 온 것에 있는 것입니다.

'성실誠實'이라는 것은 직급과 자리에 상관없이 최대한 정보와 지식으로 조직을 위해 업무를 정직하게 그리고 부지런하고 열심히 처리하는 것입니다. 하지만 감당하기 어려운 일을 그냥 성실하게 일한다고 성과를 내는 것은 아닙니다. 상대방이 절절하게 느껴야 하고, 가슴을 울릴 수 있어야 합니다.

  보통 업무 수행을 위해 상대방을 방문할 때, 세 번 정도에서 그치는 경우가 많지만, 다섯 번이고 여섯 번이고, 열 번이라도 상대방을 찾아가라고 말합니다. '열 번 찍어 안 넘어가는 나무는 없다'는 옛말이 괜한 말이 아닙니다. 이기우 총장이 교육부, 교육인적자원부 기획관리실장을 역임하면서 무려 7명의 장관을 모시는 과정에서 장관들로부터 가장 높게 평가받은 핵심이 바로 성실이었습니다.

  '진실眞實'은 정직한 마음과 행동이 기본입니다.

  업무 처리나 다른 사람과의 관계 등 공과 사를 가리지 않고 정직해야 한다는 것은 상식입니다. 정직한 생각과 행동이 깃들어 있어야 신뢰를 받을 수 있습니다. 하지만 사람이 우직하게 정직하기만 해서는 안 된다고 말하기도 합니다. 자칫 무능해 보일 수 있기 때문입니다. 진실한 자세로 자기 분야에서 최선을 다하고 최고가 되라는 것입니다.

  스페인의 투우에서는 투우사와 소가 일대일로 대결하는 최후의 순간을 결정적인 순간 또는 '진실의 순간'이라고 말합니다. 소의 급소에 칼을 꽂는 순간을 말합니다. 인간관계에서도 투우사처럼 한순간의 진실한 관계가 대인관계를 형성하는 이미지를 좌우하는 결정적인 순간을 자주 맞게 됩니다. 이러한 순간을 '진실의 순간'이라고 합니다. 진실의 순간은 상대에게 자신을 분명하게 보여줄 기회이기도 합니다. 비록 짧은 시간이지만 진실의 순간이 바로 그 사람의 진가를 나타내는 기회인 것입니다.

진실의 순간이 특히 중요한 이유는 인간관계에서는 곱셈의 법칙이 적용되기 때문입니다. 곱셈의 법칙이란 단 한 번 진실의 순간에서 상대에게 부정적인 인상을 주게 되면 그 사람에 대한 전체적인 평가가 부정적으로 될 수 있다는 것입니다. 다시 말하면 여러 번의 진실의 순간 중에 단 한 번이라도 거짓이 있다면 한순간에 사람을 잃을 수 있다는 것입니다.

일반적인 계산은 덧셈의 법칙, 즉 1+1+0=2라는 법칙이 존재하지만, 인간관계는 곱셈의 법칙, 즉 100×100×0=0이 됩니다. 따라서 100번 잘해도 한 번 잘못하면 인간관계는 끝나는 것입니다. 한시도 방심하지 말고 진실로써 인간관계를 맺어나가야 사람을 얻을 수 있습니다.

이기우 총장은 국회 업무에 능통한 이른바 '국회통' '국회 전문가'로 잘 알려져 있습니다. 교육부 과장 시절부터 국회 파견 업무를 맡아 온 경험이 있고, 교육 관련 법률 제정과 개정 작업에 참여해서 국회의원들을 논리적으로 설득해 본 경험이 있기 때문입니다.

이 총장은 말합니다.

"내가 솔직히 가장 잘할 수 있는 분야 가운데 한 가지를 꼽으라면 아마도 국회에서의 활동일 것입니다. 과거에 어느 정치인이 '이기우가 하면 안 되는 일이 없다'고 말했을 정도로 진실성에 있어서는 누구보다 자신이 있습니다. 누구를 만나더라도 진실하게 만나야 합니다."

'절실切實'은 간절한 바람입니다. 그야말로 물러섬이 없는 간절한 마음입니다. 무엇인가를 간절하게 구하는 자세와 상대방의 마음을 울리는 절절함을 말합니다. '구하라 그러면 얻을 것이요, 두드려라 그러면 열릴 것이다'라는 말처럼 간절히 소망하여 온갖 노력을 다하다 보면 어느새 자신이 구하는 바를 얻게 될 것입니다.

'하늘은 스스로 돕는 자를 돕는다' '지성이면 감천'이라는 말은 곧 절실함, 간절함이 있다면 마침내 그것을 얻을 수 있다는 말입니다. 하지만 아무 노력도 하지 않고 나무에서 감 떨어지기를 기다리면 아무것도 얻지 못합니다. 간절한 것을 구해야 하고, 간절한 만큼 절박함을 가지고 자신의 모든 역량을 쏟아부어야 합니다. 즉 '그것이 아니면 난 죽는다'는 절박함이 있어야 원하는 것을 얻습니다.

이기우 총장이 김대중 정부 시절, 대통령직 인수위원회 전문위원으로 파견되어 100대 국정 과제 수립에 참여했을 때의 이야기입니다.

교육 관련 분야는 3~4개만 추려서 보고하라고 했는데, 이 총장은 12개를 올렸습니다. 그것을 보고 당시 기획조정분과위원장이었던 이해찬 의원이 지시한 대로 다시 작성해서 보고하라고 버럭 고함을 질렀습니다.

결국 이 총장은 다시 보고서를 작성해서 제출했는데 자신이 선정한 12개의 과제를 3~4개 항목에 모두 녹여서 압축한 다음 그대로 올렸습니다. 옳다고 생각한 것을 절대 포기하지 않은 것입니다. 결과적으로 12개가 모두 국정 과제로 선정되는 효과를 거두었지만, 이 총장은 이해찬 의원에게 단단히 찍히고 말았습니다.

71

그런데 설상가상으로 이해찬 의원이 교육부장관으로 취임, 상사로 모시게 됐습니다. 하지만 이 총장은 죽기 아니면 살기로 장관의 눈치를 보지 않고 소신껏 일했습니다. 그것이 오히려 전화위복이 됐습니다. 명문대 나온 고시 출신들이 수두룩한 교육부에서 이 총장은 1급인 기획관리실장으로 승진한 것입니다. 그래서 이해찬 의원이 총리로 취임했을 때, 비서실장으로 이기우 총장을 발탁했으며, '100년에 한 명 나올까 말까 한 공무원'이라고 평가한 것입니다.

　절실함을 이끌어내는 것은 '결핍'입니다. 무엇인가 부족한 것, 무엇인가 아쉬움이 있는 것, 무엇인가 꼭 해야 할 일이 있을 때 결핍감을 느낍니다. 결핍이 없는 사람은 절실한 행동을 하지 않습니다. 돈이 너무 절박한 사람은 무슨 일이든지 다 합니다. 그야말로 찬밥, 더운밥을 가리지 않습니다. 하지만 돈이 궁색하지 않으면 느긋할 뿐 '죽기 아니면 살기'의 정신이 있을 수 없습니다.

　이기우 총장은 그를 따르는 후배들이 아주 많습니다. 총리비서실장 시절, 총리에게 보고할 때, 좋은 내용, 칭찬을 들을 만한 내용은 부하 직원들에게 직접 보고하라고 시켰고, 골치 아픈 내용, 질책당하거나 지적 사항이 많을 내용은 자신이 총리에게 보고했습니다. 그러한 성품 때문에 후배들이 그를 따랐고, 그와 함께라면 모두 앞다투어 열심히 일했다고 합니다.

　앞에서도 설명했지만 보통사람들이 '3실'을 지키며 살기는 결코 쉬운 일이 아닙니다. 그것에 대해 이기우 총장은 이렇게 말했습니다.

"자기 자신과 싸움을 해야 합니다. 자기 안에는 '예전의 나'라는 라이벌이 있습니다. 이 라이벌을 이겨내는 방법을 스스로 터득해야만 합니다."

즉 '극기克己'를 말하는 것입니다. 누구나 본래의 나, 지금까지 살아 온 나, 다시 말해서 '과거의 나' '예전의 나'가 있기 마련입니다. 3실을 지키는 삶을 영위하려면 그러한 지난날의 나를 라이벌로 놓고, 그것과 싸워서 이겨야 한다는 것입니다.

이 총장은 2003년, 처음 교육부 차관으로 물망에 올랐다가 좌절된 경험이 있습니다. 그에 대해 그는 이렇게 회고했습니다.

"1급 기획관리실장으로 4년 가까이 역임했을 때죠. 제가 차관으로 간다는 얘기가 많았지만 결국 안 됐습니다. 하지만 저는 인사 발표가 있는 날, 그날이 생일이었기 때문에 친척 부부와 약속했던 저녁식사를 예정대로 했고 노래방도 가고 잘 놀고 잘 잤습니다. 차관이 되어야겠다는 '예전의 나'를 버린 거죠. 과거와 미래는 몰라도 누구든지 오늘은 내가 콘트럴할 수 있습니다. 행복하다고 마음먹으면 행복해집니다. 그것이 '3실'의 바탕입니다."

그는 대학에 진학하지 못했을 때, 서울의 명문대에 진학한 동창생들이 부러웠지만, 9급 공무원이 돼서 일에 재미를 느낀 뒤에는 대학에 가지 못한 것을 후회한 적이 없다고 했습니다. 하지만 그는 훗날 공직자 생활을 하면서도 부지런히 공부해서 마침내 교육학 박사까지 취득했으며, 2006년 마침내 교육인적자원부 차관을 역임했고 현재 대학 총장으로 성실하게 교육 활동을 펼치고 있습니다.

　이 총장의 인생 역정은 현실을 인정하는 데서 출발했습니다. 자신의 현실에 분노해서 빗나가거나, 현실을 회피하면 자신의 목표는 도저히 이룰 수 없습니다. 아무리 힘든 현실이라도 피할 수는 없습니다. 현실을 인정하고 수용해야 합니다. 그리고 자신의 목표, 꿈에 대해 절실한 염원, 절박한 소망을 갖고 죽기 살기로 몰입한다면 이루지 못할 꿈은 없습니다.

따뜻한 리더가 세상을 바꾼다

어떤 리더는 부하를 살리고, 어떤 리더는 부하를 죽입니다. 삼성경제연구소의 자료에 따르면 부하를 죽이는 리더는 다음과 같습니다.

1. 독불장군	부하의 의견 무시하고 부하가 말하기 전에 자기 의견만 말하는 리더
2. 내 마음대로	토론으로 결정된 사항을 설명도 없이 실행 직전에 변경하는 리더
3. 낙지안동	경청하거나 행동하지 않고 눈치만 보면서 시간을 버는 상사
4. 무원칙	우선순위와 초점 없이 무엇이든지 하라고만 지시하는 상사
5. 안하무인	모두 있는 곳에서 부하를 꾸짖거나 안 보이는 데서 험담하는 상사
6. 거짓말	정보를 왜곡하거나 거짓말하는 상사

이와 반대로 부하를 살리는 리더에 대해 미국 캘리포니아 대학 엠 맥콜 교수의 주장을 함께 살펴봅니다.

1. 동기유발	구성원의 가장 우수한 부분을 이끌어냅니다.
2. 탁월한 통찰력	새로운 관점에서 사물을 관찰합니다.
3. 진정한 용기	때로는 위험을 감수하는 용기를 가집니다.
4. 실패도 학습	실패를 두려워하지 않고 학습의 기회로 삼습니다.
5. 겸손	비판에 귀를 기울입니다.
6. 솔선수범	성실하게 행동해서 스스로 모범이 됩니다.

모두 참고가 될 만한 견해들입니다. 평가하는 사람에 따라 견해 차이가 있겠지만 필자는 리더를 3종류로 분류합니다.

1. 우둔한 리더

모든 일을 자신이 다 하는 사람입니다. 과장이 차장으로 승진하면 업무를 후임 과장에게 인계하고 차장으로서의 업무를 해야 하는데 자기가 과장 업무까지 다하려고 합니다. 이런 사람은 부장이 돼도 마찬가지입니다. 매우 우둔한 리더라고 할 수 있습니다. 조직을 활용할 줄 모르는 사람입니다.

2. 보통의 리더

부하 직원의 몸만 쓰는 사람입니다. 대부분의 리더가 여기 속합니다. 이들은 부하 직원을 단순 업무에 투입해서 머리를 쓰지 못하게 합니다. 시키는 일만 하도록 강요합니다. 그 결과 부하들은 출근할 때 머리는 집에 놔두고 나오는 꼴이 됩니다. 머리 쓸 일이 없기 때문입니다.

3. 현명한 리더

구성원의 몸은 물론, 머리와 마음까지 쓰게 하는 사람입니다. 현명한 리더는 그야말로 부하 직원을 최대한 활용하며 그들을 통해 새로운 아이디어를 얻습니다.

누구나 리더의 위치에 있다면 현명한 리더가 되고 싶을 것입니다. 그렇다면 어떻게 현명한 리더가 될 수 있을까요? 쉽게 보상, 책임, 임파워먼트, 칭찬 등을 생각할 것입니다. 하지만 정답은 아닙니다. 그러면 어떻게 해야 부하 직원들의 몸, 머리, 마음을 모두 활용할 수 있을까요? 정답은 '질문'입니다. 부하 직원들에게 끊임없이 질문하는 리더가 현명한 리더입니다.

그러나 학습되지 않은 리더들은 부하 직원들에게 되도록 많은 질문을 하겠다고 결심해도 오래가지 못합니다. 스스로 답답해서 못 견디고 다시 자신이 온갖 지시를 다합니다. 부하 직원에게 질문하는 것을 습관화시키는 기간이 있습니다. 부하 직원들이 아무리 답답하더라도 21일 동안만 질문을 계속해 보십시오. 21일은 사람에게 습관을 만들어 주는 기간입니다. 흡연자도 21일 동안만 담배를 전혀 피우지 않고 견딘다면 금연할 수 있습니다.

다음 단계로 넘어가겠습니다. 숫자는 1+1=2입니다. 하지만 1명+1명은 기존에 있는 2명보나 너 큰 역량을 발휘합니다. 이것이 '시너지 효과'입니다. 그런데 1명+1명을 합쳐 2명을 만들었지만 기존의 2명보다 더 역량을 발휘하지 못하는 경우가 있습니다. 이것을 링겔만 효과Ringelmann effect라고 합니다.

1913년 독일 심리학자 링겔만은 줄다리기를 통해 집단에 속한 각 개인들의 공헌도 변화를 측정하는 실험을 했습니다. 개인이 줄을 당길 수 있는 힘의 크기를 100으로 보았을 때, 2명, 3명, 8명으로 이루어진 각 그룹은 당연히 200 · 300 · 800%의 힘이 발휘될 수 있을 것으로 기대했습니다.

그러나 실험 결과에 따르면 2명이 참가했을 때는 각 93%, 3명이 참가했을 때는 85%로 줄었고, 8명이 참가했을 때는 한 사람이 49%의 힘, 즉 자기 혼자 줄다리기 경기를 할 때와 비교하면 힘을 절반도 내지 않았습니다. 이 것은 참가하는 사람이 늘어날수록 책임감이 떨어져 전력 투구를 하지 않기 때문에, 1인당 공헌도가 오히려 떨어지는 현상을 보이는 것으로 나타난 것 입니다. 이러한 집단적 심리 현상을 '링겔만 효과'라고 말하는 것입니다.

그렇다면, 왜 링겔만 효과가 나타날까요? 간단합니다. 각자가 심리적으 로 내가 최선을 다하지 않아도 다른 사람이 최선을 다할 것으로 생각하기 때문입니다. 쉽게 말해서 조직을 망가뜨리려면 링겔만 효과를 강화시키면 됩니다. 서로 남의 핑계를 대게 하는 것입니다. 그러면 조직은 천천히, 하 지만 완전히 망하게 됩니다.

당연히 조직을 성공시키려면 시너지 효과를 강화시켜야 합니다. 그 방 법은 무엇일까요? 보상? 칭찬? 물론 그것도 도움이 되겠지만 정답은 비전, 즉 꿈에 몰입시키는 것입니다. 왜 일하는지, 내 미래는 어떤 것인지, 스스 로 느낄 수 있게 이끌어 일에 몰입시키는 것입니다. 한마디로 하자면 조직 의 구성원들에게 동기 부여를 해줘야 한다는 것입니다. 구성원들에게 비 전을 확실하게 제시하여 동기를 부여함으로써 꿈에 몰입시키는 것이야말 로 리더의 가장 큰 덕목입니다.

시너지 효과는 사실 대단한 힘을 가지고 있습니다. 두께 2인치, 폭 4인 치의 각목 하나가 지탱할 수 있는 최대 하중은 167kg입니다. 이 각목 두 개 를 따로 사용하면 334kg을 지탱할 수 있습니다. 그런데 똑같은 각목 두 개 를 접착제로 붙이거나 못을 박아서 사용하면 하중이 무려 2,212kg이나 된 다고 합니다. 무려 7배의 차이가 나는 것입니다. 그러한 각목 3개를 따로 사용하면 501kg, 세 개를 함께 합쳐서 사용하면 3,345kg을 지탱합니다. 10마력의 힘을 발휘하는 실린더 8개를 연결하면 80마력이 아니라, 285마 력이 생성된다고 합니다. 이것이 시너지 효과의 힘입니다.

이기우 총장의 리더십은 진실, 성실, 절실이라는 3실을 바탕으로 다음과 같은 두 가지를 갖추었기 때문에 완성된 것입니다.

첫째, 꿈과 비전을 심어주었습니다.

이 총장은 자신이 고졸 9급 공무원으로 출발해서 교육인적자원부 차관까지 했다는 그 자체가 구성원들에게 꿈과 비전을 심어주기에 충분했습니다. 이 총장보다 못한 스펙을 가진 사람은 많지 않을 것입니다.

둘째, 스스로 질문하게 했습니다.

총리한테 보고할 때, 질책당하거나 지적당할 만한 보고는 이 총장이 직접 했고, 총리한테 칭찬을 듣거나 쉽게 결재를 얻을 수 있는 좋은 보고는 부하 직원들에게 맡기는 배려가 그의 리더십입니다. 부하 직원들은 총리에게 직접 보고할 때, 총리의 갖가지 질문에 대비해서 나름대로 예상 질문 작성과 답변 연습을 했을 것입니다. 부하 직원이 머리, 마음, 몸을 모두 쓰게 한 것입니다.

결국 따뜻한 리더가 세상을 바꾸는 것입니다. 우리도 리더의 위치에 있다면, 또한 리더가 되고자 한다면, 이 총장과 같은 자기만의 리더십을 연구하고 완성해 나가는 것이 큰 도움이 될 것입니다. 준비가 없으면 갑자기 리더가 되었을 때 참다운 리너십을 빌휘하기 어렵습니다.

[인기가수 박완규]

좌절과 절망은 성공의 동력이다

우리도 살다 보면 때로는 치명적인 상처를 받고, 때로는 회복하기 어려운 절망에 빠지기도 합니다. 많은 사람들이 거기서 무너집니다. "아, 모든 것이 끝났구나." 하며 스스로 목숨을 버리기도 합니다. 그러나 어떤 사람들은 그 좌절과 절망이 성공을 향한 동력이 되기도 합니다. 포기 대신 죽기 살기로 한 번 더 해보자는 용기가 있어야 합니다.

오리가 되지 마라

인기가수 **박완규**

이대로 널 보낼 수 없다고 밤을 새워 간절히 기도했지만
더 이상 널 사랑할 수 없다면 차라리 나도 데려가
내 마지막 소원을 하늘이 끝내 모른 척 저버린대도
불꽃처럼 꺼지지 않는 사랑으로 영원히 넌 가슴속에 타오를 테니
나를 위해서 눈물을 참아야 했던 그동안 넌 얼마나 힘들었니
천년이 가도 난 너를 잊을 수 없어 사랑했기 때문에….

박완규가 부른 〈천년의 사랑〉은 그렇게 사랑을 호소합니다. 이 시대 최고의 로커로 평가받고 있는 박완규. 그는 중학교 때까지 전교 1등을 놓친 적이 없는 수재였습니다. 그러나 가정 형편 때문에 실업계 고등학교에 진학하면서 그는 공부를 하지 않았습니다. 학교 뒷산에 올라가 피를 토하듯 소리를 질렀습니다. 그리고 로커가 되었습니다.

하지만 한 달에 80만 원도 안 되는 수입으로 가족 부양이 어려워 이혼까지 당했습니다. 더욱이 급기야 성대 결절로 가수 인생도 끝이 났었습니다. 그런데 그는 그런 가혹한 현실을 극복하고 다시 로커로서 정상에 섰습니다. 가수 인생이 끝난 것 같았던 그를 다시 정상의 로커로 만든 근원은 무엇이었을까요. 어떤 힘이 그를 성공의 무대에 다시 세웠을까요.

박완규는 1973년 충청북도 청원에서 가난한 집안의 2남 1녀 중 막내로 태어났습니다. 그의 꿈은 법관이 되는 것이었습니다.

그러나 어려운 형편에 그의 형과 누이를 인문계 고등학교까지 보낸 아버지는 박완규에게 실업계 고등학교로 진학해서 은행원이 되기를 원했습니다. 그것은 집안에서 공부를 제일 잘했던 그가 꿈을 잃는 순간이기도 했습니다. 그는 어쩔 수 없이 장학금을 받고 경기도 평택의 실업고등학교인 태광고에 진학했습니다.

"부모님의 뜻을 거스를 수 없어서 진학한 실업계 고등학교여서 의욕을 잃었죠. 공부를 전혀 안 했습니다. 책도 안 읽었고요."

당연히 그의 가슴에 울분이 가득했습니다. 10개월 동안, 매일같이 뒷산에 올라가 소리를 질렀습니다. 어쩌면 그럼으로써 가슴속의 응어리와 온갖 스트레스를 날리려 했을 것입니다. 그런데 너무 무리하게 계속해서 소리를 지른 탓인지 어느 날 핏덩어리를 토해냈습니다. 18세 때였습니다. 박완규는 그 당시를 회상하며 "가장 고통스러웠으면서도 너무나 시원했던 기억이 납니다."라고 했습니다.

그야말로 옛날 소리꾼들이 득음得音을 하기 위해 산이나 폭포 앞에서 한껏 소리를 지르면서 마침내 피를 토하고 목이 트인 것과 같은 결과가 온 것일까요? 박완규의 노래는 뛰어났습니다. 전통적인 우리의 소리가 그렇듯이 그의 노래에는 강한 호소력과 영혼의 울림이 있었습니다.

그의 태광고 동기에 드러머 정동철이 있었습니다. 고등학교를 졸업하고 그들은 함께 미8군 무대에서 가수활동을 시작했습니다. 어렸지만 로커로서 워낙 노래솜씨가 좋아 실력파로 이름을 날렸습니다. 목소리가 두터우면서도 옥타브가 높은 탁월한 가창력을 가진 신인이라는 평가를 받았습니다.

그때 만난 사람이 바로 '부활'의 김태원이었습니다. 김태원은 곧바로 박완규의 뛰어난 가창력을 알아봤습니다. 그리고 부활에 그를 합류시켰습니다. 1997년 부활의 경쾌한 히트 곡 론리 나이트Lonely Night도 박완규가 부른 곡입니다. 또한 그의 데뷔곡인 〈불의 발견〉도 부활의 5집 앨범에 수록되었습니다.

하지만 박완규는 1년여 만에 부활을 그만두었습니다. 그리고 1999년 솔로 앨범 〈천년지애〉를 발표했는데 머리곡인 〈천년의 사랑〉이 폭발적인 인기를 얻게 되면서 널리 알려지게 되고, 로커로서 탄탄한 위치에 올랐습니다.

호사다마好事多魔리는 말이 있습니다. 좋은 일이 있으면 갖가지 좋지 않은 일도 뒤따르기 쉽다는 뜻입니다. 그래서일까요? 뜻하지 않게 소속사와 분쟁이 생겨 정작 그에게 돌아오는 수입은 거의 없었습니다. 명색이 가장인데 기본적인 생활비도 없을 정도였습니다. 생활고 때문에 아내와도 헤어졌습니다.

그는 2006년 없는 돈에 사비를 털어서 4집 앨범 〈Exodus〉를 녹음하고 소속사와 계약을 정리했습니다. 그 뒤 그는 완전히 지쳐버렸습니다. 18세 때 다친 목 관리마저 포기하고 살았습니다. 그야말로 되는 대로 살았고 노래도 그냥 막 불렀습니다. 마침내 목소리조차 내기 어려운 상태가 되고 말았습니다.

그럴 무렵, 어느 날 '부활'의 김태원이 신곡 〈비밀〉을 갖고 와서 박완규에게 무작정 부르라고 시켰습니다. 그는 정말 기뻤습니다. 그런데 목소리가 따라주지 않아 고생이 이만저만이 아니었습니다. 김태원에게 3개월 동안 줄기차게 질책을 당해야 했습니다. 그는 말했습니다.

"거기다가 절박하게 노래를 해야겠다는 의지마저 부족했죠. 태원 형님 아니었으면 못했을 거예요. 태원 형님이 저를 억지로 질질 끌고 무대 가운데까지 오게 해주신 거죠."

김태원도 좀처럼 제 소리를 내지 못하는 박완규의 목소리를 우려했습니다. 김태원은 "내가 시키는 대로 해." 하면서 그를 당장 병원으로 끌고 가서 검사를 받게 했습니다. 내시경 검사결과 성대가 엉망이었습니다. 병원에서는 성대를 수술하는 것밖에는 방법이 없다고 했습니다.

그런데 성대 수술을 하면, 20여 년 동안 노래를 부르며 갈고 닦은 성대 근육이 사라질 수도 있다는 것이었습니다. 그럴 수는 없었습니다. 박완규는 수술을 거절했고, 약물로 염증부터 치료하기 시작했습니다. 노래 못한다는 망신을 당하는 한이 있더라도 그는 근육 이완제인 스테로이드 처방을 결코 받지 않았습니다.

약물 치료를 시작한 지 두 달 만에 기적이 일어났습니다. 그가 김태원과 함께 처음 병원을 찾았을 때 의사는 그런 목 상태로 말을 할 수 있는 자체가 신기하다고 했었습니다. 그런데 기적이 일어난 것입니다. 염증 치료를 한 달 정도 받았을 때 병원에 갔더니 담당 의사가 깜짝 놀랐습니다.

담당 의사는 염증 치료만 4개월을 예상했는데 불과 한 달 만에 염증이 완전히 사라졌다는 것이었습니다. 뿐만 아니라 뜯겨져 나간 성대에 새살이 돋는 것 같다고 했습니다. 정말 기적이었습니다. 두 달 만에 더 이상 치료를 받지 않아도 괜찮은 수준까지 온 것입니다. 그는 현재 자신의 목소리를 대략 75% 정도 되찾은 기분이라고 했습니다. 전성기 때와 별 차이 없다고 말하는 인터넷 댓글을 볼 때마다 그렇게 기쁠 수가 없다고 했습니다.

가수 박완규라고 하면 늘 뒤에 따라붙는 사람이 스승 김태원입니다. '부활' 5집 앨범 〈론리 나이트〉로 함께한 이들은 그 뒤 공식적으로 같이 활동한 적은 없지만 남모르게 서로 노우며 살아왔습니다. 박완규는 처음 김태원이 자신에게 손을 내밀었을 때 이해할 수 없었다고 했습니다. 당시 김태원은 '국민할매' '위대한 멘토' 등으로 큰 인기를 얻고 있는 상황이었습니다. 김태원과 함께라면 누구나 화제가 될 수 있었습니다.

김태원이 부활에서 어떤 가수든지 불러 함께 작업을 할 수 있었는데 박완규는 왜 자신을 불렀는지 나중에 물어봤습니다. 그랬더니 김태원은 "아름답고 싶어서…"라고 대답하며,

"인기 많은 가수들이랑 하면 돈은 벌겠지. 하지만 내가 최고의 보컬이라고 생각하는 내 동생이 길거리에 방치돼 있는데 그 동생을 잠에서 깨게 하고, 다시 활동하게 하는 것은 아름다운 것이 아닐까?"

라고 말해 박완규는 눈물을 흘렸습니다. 또한 김태원도 박완규에게 고마움을 느끼는 일이 있었습니다. 2007년, 박완규가 앨범을 냈을 때 모든 제작을 김태원에게 맡겼습니다. 그 당시 김태원은 갈등이 있어서 술로 세월을 보냈고, 후배들도 그러한 김태원의 곁을 하나, 둘씩 떠나갔습니다. 오직 박완규만이 끝까지 그의 곁을 함께했었습니다. 박완규는 "김태원 형님은 나에게는 스승이자, 애인, 그리고 친정엄마와 같은 존재입니다."라고 했습니다. 박완규가 좌절을 딛고 다시 열심히 음악을 해야겠다고 결심한 이유도 김태원 때문이었습니다.

"지방에서 있었던 부활 콘서트 때였어요. 태원 형님을 봤는데 얼굴이 무척 수척해졌고 자꾸 구석에서 헛기침을 하는 거예요. 그날따라 형수님도 같이 오셨더라고요. 그래서 형수님한테 여쭤봤더니 태원 형님이 위암 수술을 했다고 말씀하시더라고요. 아, 정말 제대로 한방 맞은 기분이었죠. 형님이 그렇게 악조건 속에서도 웃는 얼굴로 열심히 노래하는 모습을 보고 가슴이 마구 요동쳤어요. '아, 나도 제대로 살아야겠구나' 하는 생각이 들더라고요."

박완규는 또 김태원에 대해,

"그동안 오래 활동을 안 해서 저는 죽은 가수, 퇴물이나 다름없었는데 그런 후배한테 선뜻 손을 내밀어줬다는 건, 그분이 저한테 애정을 표시한 거죠. 그래서 저는 태원 형님의 얘기라면 99.7% 믿고 따릅니다."

하며 존경심을 표시했습니다.

박완규는 성대 결절로 10여 년 동안이나 공백기가 있었습니다. 그동안 월수입이 80만 원도 안 돼 가족조차 부양할 수가 없었습니다. 아내와도 이혼을 해야만 했습니다.

"결정적으로 이혼을 결심하게 된 것은 내가 가족 부양 능력이 없었기 때문이죠. 어쩔 수 없는 선택이었습니다. 부모님과 의논해서 내린 결정이었지만 너무 죄송했습니다."

박완규의 어머니는 "며느리에게 조금 더 기다려보자고 설득했지만 며느리도 한계에 부딪친 것 같더라. 계속 기다리는 것이 능사는 아니라고 하더라."라며 한숨을 내쉬었습니다.

가수의 성대 결절은 김연아 선수가 다리를 다친 것이며, 수영 선수 박태환이 팔을 다친 것이나 다름없습니다. 선수로서의 생명이 끝나는 것입니다. 그야말로 물고기가 꼬리를 잃고, 새가 날개를 잃은 것이나 다름없습니다.

하지만 박완규는 포기하지 않았고, 결국은 재기에 성공했습니다. 엄청난 좌절과 절망을 이겨냈습니다. 우리도 살다 보면 때로는 치명적인 상처를 받고, 때로는 회복하기 어려운 절망에 빠지기도 합니다. 많은 사람들이 거기서 부너집니다. "아, 모든 것이 끝났구나." 하며 스스로 목숨을 버리기도 합니다. 그러나 어떤 사람들에게는 그 좌절과 절망이 성공을 향한 동력이 되기도 합니다. 포기 대신 죽기 살기로 한 번 더 해보자는 용기가 있어야 합니다.

박완규는 우리의 심금을 울리는 주옥같은 노래들을 많이 불렀습니다. 〈천년의 사랑〉을 비롯해서 〈하루애〉 〈남겨진 날들〉 〈가질 수 없는

87

너〉〈비〉〈사랑이 아프다〉〈이유〉 등등 우리의 가슴을 파고들지 않는 노래가 없을 정도입니다. 그는 2011년 MBC의 〈나는 가수다〉에 출연해서 임재범의 〈고해〉를 불러 다시 한 번 유명해졌습니다. 그의 절규와 같은 애절한 노래는 감동 그 자체였습니다. 그의 뛰어난 가창력을 잘 아는 많은 팬들이 열광한 것은 당연했습니다. 하지만 그는 그때만 해도 생활고로 MBC 근처의 모텔에서 생활하고 있다고 고백해서 많은 사람들을 가슴 아프게 했습니다.

하지만 〈나는 가수다〉를 계기로 다시 활발한 음악 활동을 펼치며 2012년에는 제39회 한국방송대상에서 가수상을 수상했습니다. 생활 형편도 많이 좋아졌다고 했습니다. 그러자 그는 자신이 생활고 때문에 가정 파탄까지 겪어야 했던 과거를 생각하며 다양한 기부 활동을 펼치고 있습니다.

"대중의 관심이 제 아이들을 길러준 셈입니다. 저도 이제 나눌 형편이 됐으니 다른 아이들의 아빠가 돼주려는 거죠."

오리가 되지 마라

사람은 실패의 크기가 아니라 절망의 깊이 때문에 죽는다고 합니다.

자살자의 OECD 국가 평균이 10만 명당 12.8명인데 우리나라는 33.5명으로 무려 3배 가까이 됩니다. 2003년 이라크 전쟁이 발발한 이후, 7년 5개월 동안, 미군 전사자는 4,418명이었습니다. 우리의 자살률은 세계적인 전쟁의 희생자보다도 훨씬 많습니다.

박완규는 가수로서 성대 결절이라는 치명상을 입고 얼마나 상심이 컸을까요? 그 좌절감과 설망삼을 어떻게 말로 표현할 수 있을까요? 그러나 설명한 바와 같이 박완규는 그것을 극복하고 재기에 성공했습니다. 그 핵심은 노래에 있어서는 누가 뭐래도 최고가 되겠다는 각오가 있었기 때문입니다. 결국은 어느 분야나 최고가 선택받게 되어 있습니다. 대충대충하면 많은 것을 할 수 있겠지만 어느 분야든 최고가 아니면 선택되기 어렵습니다.

물속에서 가장 빨리 헤엄치는 물고기는 돛새치라고 합니다. 무려 시속 110km로 헤엄칩니다. 육지에서 가장 빨리 달리는 동물은 치타입니다. 최고 시속 120km로 달립니다. 하늘을 가장 빨리 나는 새는 군함조로 시속 400km로 비행합니다. 동물들도 저마다 특기가 있는 것입니다. 다른 부류보다 훨씬 뛰어난 장기가 있는 것입니다.

이것이 진정한 경쟁력입니다.

"난 다른 것은 못해도 그것만은 세계 최고야."

하는 것을 가지고 있다면 무한한 경쟁력을 갖추고 있는 것입니다. 그런데 동물들 가운데 별다른 특징 없이 이런저런 것들을 대충하는 동물이 있습니다. 바로 오리입니다. 오리는 대충 날고, 대충 뛰고, 대충 헤엄칩니다. 이것저것 다 하지만 뛰어난 특기는 아무것도 없습니다. 그것도 특기라고 말할 수 있겠지만 오리는 헤엄치기, 달리기, 날기, 어느 축에도 끼지 못합니다.

불과 몇십 년 전만 하더라도 두루두루 다 잘하는 사람이 환영받고 쓸모 있는 사람이었지만 지금은 세상이 달라졌습니다. 적당히 다 잘한다는 것은 남보다 뛰어나게 잘하는 것이 없다는 얘기입니다. 그런 사람은 어디에서도 선택되지 못합니다. 어느 분야에서든 남보다 특출 나게 잘해야 살아남습니다. 박완규가 바로 그런 경우입니다.

"나는 다른 것은 못해. 하지만 나는 대한민국 최고의 로커야. 최고의 로커는 나야."

그렇게 말할 수 있는 가수가 박완규입니다. 실제 사회적으로 꿈을 이룬 사람들을 보면 여러 분야에서 골고루 잘한 경우보다는 특정한 분야에서 탁월한 능력을 보였던 사람들이 많습니다.

학생들도 마찬가지입니다. 해마다 약 60만 명의 고등학생이 대학에 진학하고, 해마다 약 54만 명이 대학을 졸업합니다. 하지만 자신이 원하는 직장에 취업하는 대학 졸업자는 약 2만 명에 불과합니다. 보통사람들은 좋은 대학에 들어가면 무조건 성공하는 줄 알고, 그의 인생도 성공의 길에 들어섰다고 생각합니다. 사실은 전혀 그렇지 않습니다.

서울에 있는 대학에 들어가는 학생은 전체 입시생 가운데 9.9%에 불과합니다. 그리고 이른바 일류 대학이라는 SKY 대학에 진학하는 학생은 1.6%, 서울대학교에 진학하는 학생은 0.4%에 불과합니다. 서울대학교에 진학하면 인생이 성공하고, 원하는 꿈이 모두 이루어질 것처럼 생각하기 쉬운데 천만의 말씀입니다.

물론 확률적으로 보면 서울대학교를 졸업하면 취업이나 승진 등에서 상대적으로 유리한 것은 사실입니다. 하지만 단순하게 서울대학교에 들어갔다는 자체, 공부를 잘한다는 이유가 성공을 보장하지는 않습니다. 단순하게 공부만으로 승부를 건다고 가정하면, 그 분야에서 1등을 제외하면 나머지는 인정받지 못합니다.

서울대 0.4%, SKY 대학 1.6%, 이들이 모두 만족한 삶을 살까요? 결코 그렇지 않습니다. 가령 학업 성적이 아주 우수한 학생이 서울 법대에 진학했고, 여전히 열심히 공부해서 사법고시를 패스했다고 합시다. 그다음 사법연수원에서 연수를 거쳐 성적에 따라 판사, 검사, 변호사가 됩니다. 물론 성적이 좋은 사람이 변호사가 될 수도 있지만, 성적이 별로 좋지 않은 사법연수생이 판사나 검사가 되기는 어렵습니다.

뛰어난 성적으로 판사가 됐다고 하더라도 어느 법원에 발령받을지 모릅니다. 중앙지원도 있고, 바닷가 지방법원도 있습니다. 성적이 아주 좋은 사법연수생이 객관적으로 돋보이는 중앙지원에 발령받습니다.

그렇게 보면, 대학 입학 60만 명 가운데 최고의 영예를 안은 사람은 서울대-법대-사법고시 패스-판사-중앙지원-1등의 코스를 거친 사람입니다. 결국 공부만 따진다면 60만 명 가운데 1명만이 성공이라는 등식이 성립된다고 볼 수 있습니다. 좀 억지스런 가정이지만, 단순하게 공부를 아주 잘한다고 해서 모두 성공을 보장받는 것은 아니라는 얘기입니다.

인생에서 진정으로 승리하려면 포기하지 않는 꿈이 있어야 합니다. 자기 스스로 의심하지 않는 확실한 꿈이 있어야 합니다. 상식이 아닌, 흔들리지 않는 신념을 기반으로 한 구체적인 꿈이 있어야 합니다.

어떤 아버지가 대학을 졸업했지만 2년째 취업을 못하고 있는 아들에게 물었습니다.

"너의 꿈은 뭐냐?"

"저는 대통령이 되는 게 꿈이에요."

아마 많은 아버지들이 어처구니없어하며, 뒤통수를 쥐어박으며,

"야, 임마. 무슨 헛소리를 하는 거야? 대통령? 웃기지 말고, 어디 취직이라도 해라. 내가 너한테 들인 돈이 얼마나 되는지 알아? 그놈의 스펙인지 뭔지 때문에 얼마나 돈이 많이 들어갔는지 알기나 해?"라고 할 것입니다.

이럴 경우, 누가 잘못됐을까요? 아빠일까, 아들일까? 결론은 100% 아빠가 잘못한 것입니다. 누군가 한 명은 우리나라 대통령이 됩니다. 대통령 자리가 비어 있을 수는 없습니다. 그럼 누가 대통령이 될까요? 두 가지 조건이 필요합니다.

첫째, 대통령이 되겠다는 다소 무모한 꿈입니다.

둘째, 될 때까지 포기하지 않는 것입니다.

물론 일반적인 아버지의 상식으로는 대학을 졸업하고도 2년 동안이나 취업조차 못하고 있는 아들이 대통령과는 거리가 멀다고 생각할 것입니다. 대통령이 아무나 되는 것은 아닙니다. 자기 아들이 대통령이 될 만한 자격과도 거리가 너무 멀다고 생각할 것입니다. 그러나 상식이 세상을 움직이는 것은 아닙니다. 세상을 움직이는 것은 신념입니다.

상식으로 한번 생각해 보지요. 사형선고 받은 사람이 대통령이 될 수 있을까요? 어림없습니다. 두 번 결혼한 사람이 대통령이 될 수 있을까요? 어려울 것입니다. 그것이 사생활의 하자가 되어 언론에 두들겨 맞고 출마조차 하기 어려울 것입니다. 그러면 대학을 못 나온 사람이 대통령이 될 수 있을까요? 아마 많은 사람들이 상식적으로 대통령 자격이 부족하다고 생각할 것입니다.

그러나 우리나라 역대 대통령을 살펴보면 사형선고 받은 사람이 두 명이나 있습니다. 박정희, 김대중 대통령입니다. 결혼을 두 번 한 대통령은 여러 명입니다. 이승만, 박정희, 김대중 대통령입니다. 대학을 제대로 나오지 못한 사람이 두 명입니다. 김대중, 노무현 대통령입니다. 김대중 대통령은 세 가지 모두 해당됩니다. 박정희 대통령도 두 가지에 해당됩니다.

거듭 말하지만, 무엇인가 이루고 말겠다는 신념이 세상을 바꿉니다. 자신이 목표하는 분야에서 최고가 되겠다는 신념이 자신을 성공으로 이끕니다. 신념을 포기하면 그만큼 성공과 거리가 멀어집니다.

박완규가 그렇지 않은가요. 실업계 고등학교를 나왔고, 공부를 세대로 안 했으며, 여러 해 동안 한 달 수입이 80만 원도 안 돼 이혼을 해야만 했고, 성대 결절로 가수로서의 인생이 끝났던 사람입니다. 하지만 그는 우리나라 최고의 로커가 되겠다는 꿈과 신념을 결코 포기하지 않았습니다. 그리고 마침내 성공해서 정상에 우뚝 섰습니다.

수정 ——
방법을 수정하라

영화감독 **곽경택**

천호식품 회장 **김영식**

아나운서 **이숙영**

변호사 **이재만**

[영화감독]
곽경택

자신의 길을 찾아라

"20대 때 저는 심각할 정도로 불안한 나날을 보냈죠. 도대체 어디로 튈지도 모르고 인생에 대해 스스로의 가치를 고민조차 안 하는 것처럼 보인 시기였습니다. 딱 20대 후반에 정신을 차렸어요. 영화감독을 제 평생의 직업이자 목표로 삼고 잘하기 위해서는 지금보다 더 절박해져야 하고, 진지해져야 된다는 것을 알았거든요. 그걸 깨닫고 확 변했습니다."

길이 없으면 만들어서 가라

영화감독 **곽경택**

장동건을 스타로 만든 영화 〈친구〉에서 가장 기억에 남는 대사가 있죠?
"고마해라. 마이 묵어따 아이가…"
토속적인 경상도 사투리, 무뚝뚝한 대화가 이어지는 영화. 냉혹한 조폭 세계
의 치열한 암투와 어쩔 수 없는 우정의 갈등을 감동적으로 그려낸 영화, 〈친
구〉는 2001년 최고의 흥행작이었습니다. 요즘처럼 복합 영화관이 아니라 재
래식 극장에서, '청소년 관람 불가'의 영화로 당시 870만이라는 놀라운 관
객 동원을 기록함으로써 우리 영화의 신기원을 이룩하며 신화를 창출한 영
화였습니다. 오늘날의 톱스타 장동건, 유오성도 이 영화를 통해 인기 스타가
됐습니다. 이 영화를 만든 사람이 곽경택 감독입니다.

곽 감독의 인생도 결코 순탄한 것은 아닙니다. 그 역시 일찍부터 우
여곡절을 겪으면서도 자신이 하고 싶은 것, 자신의 꿈과 목표를 살려 마
침내 성공을 이룩한 주목할 만한 인물입니다.

그는 영화 〈친구〉의 무대이기도 한 부산 출신으로 1966년생입니다.
1970년대 중반, 영도초등학교를 다닐 때 매일 아버지를 따라 3.6킬로미
터의 순환 도로를 걸어서 학교에 다녔습니다.

어린 곽경택은 태종대 앞바다의 떠다니는 배들을 바라보며 온갖 상
상의 나래를 펴곤 했습니다.

'저 배에 탄 사람들은 어떤 사람들이고, 가족들은 또 어떤 사람들일
까?'

이러한 사람에 대한 갖가지 상상은 그가 영화를 연출하는 데 아주 큰 영향을 주었습니다.

그가 훗날 미국의 뉴욕 대학에서 영화 공부를 할 때, 교수가 그림이나 사진 한 장을 내주며 발표하게 하는 '상상 수업'이 있었습니다. 영화 연출 과정에서 꼭 필요한 요소이기 때문입니다. 사진이나 그림 속의 사람이 어떤 직업, 어떤 고민을 가졌으며, 어떤 상황에 처해 있는지를 상상해서 발표하게 하는 수업이었습니다. 그러한 영화 수업은 곽경택이 어릴 때, 태종대에서 바다 위의 배들을 바라보며 상상하던 방식과 다를 바가 없었습니다.

곽경택은 영화감독이란 상상력의 직업이라며 이렇게 말합니다.

"〈타이타닉〉〈에이리언〉〈터미네이터〉〈아바타〉와 같은 대작 영화들을 만든 미국의 제임스 캐머런 감독이 지닌 상상력의 깊이는 그가 호주에서 바다를 바라보고 자라면서 얻었습니다."

곽경택은 그렇게 태종대에서 상상력을 키웠습니다. 부산에서 영화 〈친구〉를 찍을 때도 장동건, 유오성을 비롯한 출연자들을 태종대에 데리고 갔다고 했습니다. 바다를 따라 함께 걸으면 누구든 서로 마음을 터놓게 되고 친해질 수밖에 없는 곳이 태종대라고 했습니다.

어린 시절 곽경택의 집은 광복동에서 아주 가까웠습니다. 부산의 광복동은 서울의 명동이나 다름없는 더없이 번화하고 많은 사람들이 모여드는 곳입니다. 집에서 육교만 건너면 광복동이었습니다. 그곳에는 극장들이 줄지어 있었습니다.

그는 휴일 아침, 극장 간판들을 보며 광복동을 걷다가 마음에 드는 작품이 있으면 당장 들어가 조조 할인으로 영화를 관람했습니다. 그 시간에는 단속 나오는 선생님들도 없어서 안심이었습니다. 중학교 2학년 때는 지금 그의 키 173센티가 다 자라서 미성년자 관람 불가 영화도 어렵지 않게 들어가서 볼 수 있었습니다.

극장 입구에서 표를 받는 기도가 그를 의심하며 몇 살이냐고 물으면 스무 살이 넘었다고 했고, 주민등록증을 내놔보라고 하면, 갱신하고 있다고 했고, 학생증을 내놓으라면 공장에 다닌다고 능청을 부렸습니다.

고등학교 3학년 때 적성 검사를 했더니 문과 쪽이 98점으로 두드러지게 높았습니다. 하지만 곽경택은 이과의 의대를 지망했습니다. 그럴 만한 이유가 있었습니다. 부친과 삼촌 등 그의 집안에 의사가 아홉 명이었습니다. 집안에서도 곽경택이 의사가 되는 것은 당연한 일이었고, 그는 의대에 갈 만큼 공부도 잘하는 수재였습니다. 지기 스스로도 외과 이외에 다른 전공은 생각조차 해본 적이 없었습니다.

그런데 의대 재학 중 갑자기 공부가 너무 싫어졌습니다. 앞으로 그가 가야 할 의사 인생도 너무 답답해 보였습니다. 매일같이 찡그린 환자의 얼굴을 평생 동안 바라봐야 할 생각을 하니 숨이 막혔습니다. 방송국 PD나 영화감독이 되고 싶었습니다. 그쪽으로 생각을 집중하니 CF 감독이 되고 싶었습니다.

CF 감독은 멋진 상상의 세계를 영상에 담아 뛰어난 광고 작품을 만들 수 있을 것 같았습니다. 그러한 목표를 갖게 되니까 더욱 공부가 하기

99

PART 2 | 수정 - 방법을 수정하라

싫어졌습니다. 자연히 성적도 점점 떨어졌고, 결국 그는 본과 1학년 때 의대를 그만두었습니다.

두말할 것 없이 집안에서는 난리가 났지요. 부친, 삼촌, 사촌 형제, 집안의 사위들까지 모두 의사들이었으며, 의사 이외에 딴 일은 할 수 없을 것 같은 집안에서, 당연하게 의대에 다니던 곽경택이 느닷없이 의사 수업을 포기했으니 난리가 날 만도 했습니다. CF 감독이 되고 싶어서 의대를 그만뒀다고 말씀드렸더니 '뜬구름 잡는 녀석'이라며 집안의 걱정이 이만저만이 아니었습니다.

곽경택은 자신을 이상한 눈초리로 바라보는 집에 있기도 힘들었고, 정식으로 CF 감독 공부를 하고 싶어서 무작정 미국으로 유학을 떠났습니다. 그의 목표는 뉴욕 대학에서 공부하는 것이었는데, 알아보니 뉴욕 대학에는 광고학과가 없었습니다. 그가 망설이자 친지들이 광고 공부 대신 영화 공부를 하라고 해서, 영화학과에 들어갔습니다.

의학을 공부하던 그가 갑자기 영화 공부를 하기는 정말 쉽지 않았습니다. 하지만 그는 꿈과 목표가 있었기에 최선을 다해 열심히 공부했습니다. 영화를 공부하는 과정에서 실습도 많이 하고, 직접 영화도 제작해 봐야 했습니다.

그런데 학교에서는 학생들을 경쟁적으로 공부시키기 위해서 학과 성적 1등부터 4등까지만 실습 영화 제작을 위한 각종 지원을 해줬습니다. 그것도 차별을 두어 1등은 보조금과 최고급 카메라, 녹음 장비까지 지원해 주고, 4등은 카메라만 지원해 주는 것이었습니다. 좋은 성적을 얻기 위해서 열심히 공부를 하지 않을 수 없었습니다.

4학년 때는 의무적으로 졸업 작품을 만들어 제출해야 했습니다. 곽경택은 다른 학생들과 차별화된 졸업 작품을 만들기 위해서 친구를 삭발시키고, 자신이 직접 죄수복을 입고 출연해서 〈영창 이야기〉라는 졸업 작품을 만들었습니다. 영창 안에서 벌어지는 죄수들의 이야기를 그린 작품이었습니다. 이 작품이 당당히 1등을 차지하며 좋은 성적으로 졸업했습니다.

그러나 영화학과를 졸업했다고 해서 누구나 유명한 영화감독이 된다는 보장은 전혀 없었습니다. 알 수 없는 불안한 미래가 20대의 곽경택을 괴롭혔습니다. 그는 당시를 이렇게 얘기했습니다.

"20대 때 저는 심각할 정도로 불안한 나날을 보냈죠. 의대를 중퇴하자 집안에서 저는 정말 미운 오리새끼였어요. 그냥 미운 오리가 아니라 너무너무 미운 오리새끼였죠. 도대체 어디로 튈지도 모르고 인생에 대해 스스로의 가치를 고민조차 안 하는 것처럼 보인 시기였습니다. 딱 20대 후반에 정신을 차렸어요. 영화감독을 제 평생의 직업이자 목표로 삼고 잘하기 위해서는 지금보다 더 절박해져야 하고, 진지해져야 된다는 것을 알았거든요. 그걸 깨닫고 확 변했습니다."

그는 흔히 현재와 다른 인생을 살기 위해서는 3년 정도의 시간이 필요하다고 말하지만, 자신의 경험으로는 6개월이면 충분하다고 했습니다. 한 분야에 미쳐서 6개월만 집중하면 계속 그렇게 살아지더라고 했습니다. 27세 전의 곽경택과 27세 이후의 곽경택은 완벽하게 다른 사람이라고 했습니다.

　미국에서 유학을 마치고 귀국한 그는 단편영화로 영화 연출을 시작했습니다. 첫 작품 〈Oh, Boy〉에 이어서 1994년 〈Another Morning〉을 연출했습니다. 그리고 1995년, 유학 시절 졸업 작품으로 만들어 1등을 차지했던 〈영창 이야기〉를 바탕으로 〈영창〉을 연출했습니다. 이 작품은 제2회 서울단편영화제에서 우수상을 수상해 주목을 받았으며, 제1회 부산국제영화제와 국내외 유명 영화제의 초청작으로 각광을 받았습니다.

　1997년 첫 장편 영화 〈억수탕〉이라는 작품을 내놓으면서 정식 장편 영화감독으로 데뷔했습니다. 이 작품은 고향인 부산에서 찍었습니다. 서울에는 아는 사람도 없었고 연고도 없었으며, 조감독 한 번 안 해 본 처지였습니다. 서울 영화관들의 텃세도 만만치 않았습니다. 〈억수탕〉은 언론과 영화 비평가들로부터 열렬한 찬사를 받았지만, 독립 영화 감성으로 만든 작품이어서 흥행에서는 재미를 보지 못했습니다.

　이어서 그다음 해인 1998년 메디컬 서스펜스라는 새로운 장르의 영화 〈닥터 K〉를 내놓았는데 이 작품 역시 작품은 좋았지만 흥행에는 실패했습니다. 하지만 토론토 영화제에 〈닥터 K〉를 출품했는데 200여 명의 관객이 남아 열광했다고 합니다. 곽 감독이 이 작품은 국내에서 흥행에 실패했고, 앞으로 영화를 찍을 수 없을지도 모른다고 했더니 몇 명이 곽 감독에게 "절대로 포기하지 말라"고 크게 격려했다고 합니다.

신인 감독으로 두 작품이 잇따라 흥행에 실패하자 다음 작품을 하기가 힘들어졌습니다. 그 뒤에 〈친구〉는 시나리오가 아주 좋았지만 제작사를 구하기가 힘들었습니다. 곽 감독은 마지막이라는 각오로 〈친구〉를 반드시 영화로 만들고 싶었습니다. 〈친구〉의 시나리오는 특별히 취재를 하지 않고, 고등학교 시절의 기억과 상상력만으로 썼습니다. 부산에서 자란 네 친구의 우정과 조폭으로서의 갈등을 그린 이 작품은 오래되어 누렇게 바랜 일기장 같은 작품이었습니다.

그는 영화를 찍을 때마다 시나리오를 아버지에게 보여드렸습니다. 아버지는 〈친구〉의 초고를 읽어보더니,

"네가 쓴 것들 중에서 제일 낫다. 돈 있으면 투자할 만하다."

라고 했습니다. 2001년 어려운 여건 속에서 〈친구〉를 제작할 수 있었습니다. 그리고 재래식 극장에서 개봉하게 되었지만 무려 870만 관객을 동원하며 그해 최고의 흥행작이 되었을 뿐 아니라, 우리 영화의 기념비적인 작품이 됐습니다. 우리나라 영화사를 새로 쓴 것입니다. 작품의 무대가 된 부산의 매력을 골목 구석구석까지 세상에 알렸으며, 집안에서조차 '뜬구름 잡는 녀석' 소리를 듣던 곽 감독은 전국석으로 모르는 사람이 없는 일약 유명감독이 되었습니다.

곽 감독은 자신의 꿈과 목표를 포기하지 않았기 때문에 마침내 대성공을 하게 된 것입니다. 그는 말합니다.

"실패를 두려워하지 말고 도전하십시오."

세계적으로 유명한 대감독들은 처음부터 성공했을까요? 결코 그렇

지 않습니다. 세계적인 거장들도 숱한 실패가 있었기에 그것이 밑거름이 되어 성공할 수 있었던 것입니다. 곽 감독 역시 실패와 좌절을 이겨냈기 때문에 성공한 감독이 될 수 있었습니다.

그 뒤에 곽 감독은 〈챔피언〉〈똥개〉〈태풍〉〈사랑〉 등 의식 있고 수준 있는 많은 영화를 만들었습니다. 그의 영화들은 때로는 어둡지만 따뜻한 감성이 담겨 있습니다. 곽 감독이 자신 있게 잘 만들 수 있었던 소재인 〈영창〉은 영창(감옥)이라는 제한된 공간 안에서 일어나는 인간과 사회의 모습을 진솔하게 보여주지만, 유쾌하게 담아내 관객들에게 따뜻한 메시지를 전해 줍니다.

곽 감독이 최근에 만든 〈미운 오리새끼〉는 그가 만들었던 스케일 큰 영화들과 다릅니다. 그는 초심으로 돌아가서 정말로 하고 싶었던 이야기를 담았다고 합니다. 내용은 젊은 세대들의 성장 드라마라고 할 수 있습니다. 곽 감독 자신의 20대 때의 모습도 담겨 있습니다.

거듭해서 얘기하지만, 절대로 포기하지 않는 것, 실패를 두려워하지 않는 불굴의 도전 정신이 성공을 가져온다는 것을 우리는 곽 감독을 통해 다시 한 번 깨달을 수 있을 것입니다.

길이 없으면 만들어서 가라

우리나라 사람들은 남이 잘되는 것을 기뻐하거나 축하하지 않는 경향이 있습니다. 그래서 옛말에 '배고픈 것은 참아도 배 아픈 것은 참지 못한다' '사촌이 땅을 사면 배가 아프다'와 같은 속담이 있을 정도입니다.

우리 사회가 전반적으로 그렇습니다. 하지만 일본은 다릅니다. 그들은 자기들끼리 본받을 만한 인물을 정해 놓고, 추앙하는 일을 잘합니다. 일본에서 배울 점이 있다면 바로 그러한 점입니다.

일본에는 '경영의 신'으로 불리는 세 명의 인물이 있습니다.

첫째 인물은 마쓰시다 고노스케입니다. '마쓰시나 전기'의 창업자이며 '기업 경영의 신'으로 불리는 그는 독특한 경영 이념과 탁월한 통찰력, 그리고 국제 감각으로 내셔널National, 파나소닉Panasonic, 테크닉스Technics, 빅터 Victor 등의 브랜드를 히트시킨 전설적인 인물입니다. 그의 〈마쓰시다 전기〉는 국내외에 관련회사 570개 사, 직원 19만 명을 거느린 세계적 기업으로 성장했습니다.

그는 어린 시절, 아버지의 파산으로 너무나 가난해져 초등학교조차 중퇴하고 자전거 점포에서 일을 해야만 했습니다. 그러나 마쓰시다는 훗날 크게 성공하고 경영에 있어서 위대한 업적을 이룩했는데, 자신이 성공할 수 있었던 이유로 하늘이 내린 3가지 은혜 때문이라고 말했습니다.

하늘이 내린 세 가지 은혜란 가난한 것, 허약한 것, 못 배운 것이었습니다. 자신은 너무 가난했기 때문에 부지런할 수밖에 없었으며, 몸이 허약해서 건강의 중요성을 깨달았고, 못 배웠기 때문에 누구한테라도 배우려 했던 것이 성공의 요인이 됐다는 것입니다. 타고난 약점은 결코 약점이 아닙니다. 오히려 자신의 삶을 더욱 강하게 해줄 밑천이 될 수 있습니다. '전화위복'이라는 말도 있지 않은가요.

일본에서 경영의 신으로 불리는 두 번째 인물은 혼다 소이치로입니다. 그는 '혼다 자동차'의 창업자입니다. 원래는 오토바이를 만들었습니다. 그런데 어느 날 연구원들에게 자동차를 만들라고 지시했습니다. 박사 연구원들이,

"자동차는 오토바이처럼 그렇게 간단하게 만들어지는 것이 아닙니다. 우리 기술로는 절대 불가능합니다."

하며 난색을 보였습니다.

"그래? 그렇다면 내가 하지."

혼다 소이치로는 연구원들에게 그렇게 말하고 2년 만에 직접 자동차를 만들었습니다. 그리고 말했습니다.

"대학 졸업장은 극장 영화표만 한 가치도 없습니다. 영화표는 최소한 영화관 입장을 보장하지만 대학 졸업장은 아무것도 보장하지 못합니다."

많이 배운 사람일수록 배운 것밖에는 할 수 있는 것이 없다는 말이 맞습니다. 많이 배웠다고 해서 모든 것을 다 잘하는 것은 아닙니다. 최고의 학력이 중요한 것은 아닙니다. 성공에 있어서는 하고야 말겠다는 집념, 포기하지 않는 노력이 더 중요합니다.

'경영의 신' 세 번째 인물은 이나모리 가즈오입니다. 그는 이른바 '아메바 경영'으로 유명하며 '이나모리 학교'의 교장으로 젊은 경영인들을 육성하고 있습니다. 그는 우리나라 농업의 근대화를 이룩한 우장춘 박사의 넷째 사위이기도 합니다.

그렇다면 우리나라에도 경영의 신이 있을까요? 우리 국민들은 그런 인물이 없다고 생각합니다. 왜 그럴까요? 다른 사람의 우수성을 인정하고 싶지 않기 때문입니다. 상대가 조금이라도 뛰어나 보이면 흠집을 내고 깎아내리는 것이 우리의 속성입니다. 언젠가 독일인이었다가 우리나라에 귀화한 한국관광공사 이참 사장의 얘기를 들으니, 한국 사람들은 대부분 자신이 대통령 감이라고 생각한다는 것입니다. 그래서 자신을 빼놓고 모든 사람들이 틀렸다고 말합니다.

그러나 필자가 보기에는 일본의 경영의 신은 비교도 안 되는 정말 대단한 경영의 신이 우리나라에 있습니다. 대표적인 인물이 삼성그룹의 고 이병철 회장, 현대그룹의 고 정주영 회장입니다. 이 분들은 없는 길을 만들어 간 난세의 영웅이며 경영의 신들입니다.

일본에서 경영의 신으로 추앙받는 인물들은 해당 분야에서 커다란 업적을 이룩했지만 이병철, 정주영 회장은 영역과 경계를 넘나들며 놀라운 업적을 이룩해낸 인물들입니다.

삼성그룹은 설탕 만드는 회사에서 현재 세계 최고 수준의 IT 회사로 거듭나 〈삼성전자〉를 성장시켰습니다. 어느 한 분야에서만 두각을 나타낸 것이 아닙니다. 전자 분야, 건설 분야에서 세계 기록까지 경신하고 있습니다.

삼성물산은 1999년 88층 452미터의 말레이시아 페트로나스 타워 건설, 2003년 101층 508미터의 타이베이 금융센터 건설, 2010년 162층 828미터의 버즈 칼리파를 건설했습니다. 버즈 칼리파는 역사상 인간이 만든 구조물 가운데 최고로 높은 기록을 가지고 있습니다. 828미터 높이는 서울 여의도 63 빌딩을 세 번 쌓아올린 높이보다도 70미터가 더 높습니다. 미국의 엠파이어 스테이트 빌딩의 2배, 파리 에펠 탑보다는 2.5배가 더 높습니다. 이 구조물을 건설하는 데 들어간 철근이 지구 반 바퀴인 2만 5천km, 연인원 850만 명이 투입됐습니다. 건평은 약 15만 평으로 잠실종합운동장의 56배 규모입니다.

지난 2004년 삼성전자의 순이익은 10조 원으로 마쓰시다, 히다치, 도시바 등 일본 상위 10개 사의 순이익을 합친 것보다 두 배나 높았습니다. 당시 전 세계에서 10조 원의 순이익을 낸 회사는 10개에 불과했습니다.

고 이병철 회장의 뒤를 이어 이건희 회장이 취임했던 1987년 삼성그룹 전체 연간 매출액이 약 10조 원이었습니다. 그런데 현재의 매출액은 무려 약 303조 원으로 25년간 30배 이상 커졌습니다. 수출도 25배 성장했으며 우리나라 총 수출에서 차지하는 비율도 13%에서 28%로 높아졌습니다. 더욱이 글로벌 브랜드 9위의 세계적인 기업으로 성장 발전했으며 삼성전자만 하더라도 연 매출액 200조 원이 넘습니다. 순이익이 24조 원입니다. 이런 규모의 기업은 세계적으로 손꼽힐 정도입니다.

고 정주영 현대그룹 회장도 마찬가지입니다. 정부의 중공업 발전 계획에 의해 정 회장은 어쩔 수 없이 조선소를 건립하게 됐습니다. 본인이 의도한 것은 아니지만 일단 결정을 내리자 정 회장은 불도저로 변했습니다.

그 당시 현대조선소 건립의 가장 큰 문제는 돈이었습니다. 건립 비용이 당시로서는 어머어마했습니다. 투자 비용 6,300만 달러 가운데 무려 4,300만 달러를 외자로 조달할 형편이었습니다. 처음에는 일본의 미쓰비시 상사에서 돈을 빌리려 했지만 성사되지 않았습니다. 정 회장은 1971년 영국 버클레이즈 은행에서 차관을 얻기 위해 런던으로 날아갔습니다.

버클레이즈 은행은 영국의 금융계를 주도하고 있었기 때문에 그를 설득하는 것이 대단히 중요했습니다. 하지만 주먹구구식으로 설득하고 차관을 얻을 수는 없는 일이었습니다. 돈을 빌리기 위해서는 영국식 사업 계획서와 추천서가 필요했습니다. 정 회장은 A&P 애플도어사의 롱바톰 회장을 만났습니다. 그는 영국에서 가장 큰 버클레이즈 은행을 움직일 수 있는 결정적인 영향력을 갖고 있는 인물이었습니다.

정 회장이 절박한 심정으로 말했습니다.

"조선소를 지을 돈이 필요합니다. 버클레이즈 은행에서 차관을 얻을 수 있는 방법을 알려주십시오."

그러나 롱바톰 회장의 반응은 싸늘했습니다.

"선박을 사 줄 사람도 없고, 차관을 상환할 능력도 믿을 수 없을 뿐 아니라, 지어 본 적이 없는 대규모 조선소를 짓는다는 생각은 꿈에 불과합니다."

하며 거절했습니다. 그때 정 회장은 주머니에서 지폐 한 장을 꺼내 테이블에 펼쳐 놓았습니다. 이순신 장군이 만든 거북선이 그려진 당시 500원짜리 지폐였습니다.

"이 지폐를 보십시오. 이것이 거북선입니다. 우리는 영국보다 300년 전인 1500년대에 이미 철갑선을 만들었고 일본을 물리친 민족입니다. 단지 쇄국 정책으로 산업화가 늦었을 뿐, 충분한 잠재력을 가지고 있습니다."

롱바톰 회장은 정 회장의 기지에 감탄해서 차관을 받을 수 있도록 지원했습니다. 결국 정 회장은 2년 3개월 만에 경이적인 기록으로 1973년 울산조선소를 완공했습니다. 뿐만 아니라 조선소 완공식에서 당시 수주 받은 대형 선박 2척의 명명식을 함께 거행, 조선소 건설과 동시에 그곳에서 만든 선박을 진수시킨 세계 조선 역사에 전무후무한 기적을 만들어냈습니다.

이러한 정 회장의 개척 정신, 도전 정신, 적극적인 추진력으로 조선 황무지에서 건설된 현대조선소는 현재 세계 시장 점유율 1위의 조선 회사인 현대중공업으로 성장했습니다. 또한 현대중공업은 세계 최초로 도크 없이 육상에서 선박을 건조하는 데 성공했습니다. 그동안 조선 기술은 바닷속에서 도크를 파서 바닷물을 빼고 배를 건조한 뒤, 다시 바닷물을 채워 완성된 선박을 띄우는 방식을 이용했습니다.

따라서 도크의 규모와 숫자는 조선업체의 건조 능력을 가늠하는 잣대가 될 만큼 선박 건조의 필수 요건이었습니다. 이런 상황에서 도크 없이 선박을 건조하는 기술을 성공시켜 세계 조선 역사에 획기적인 기록을 남긴 것입니다. 그러한 신화는 오늘날 세계 굴지의 자동차 생산업체인 현대자동차도 마찬가지입니다. 정 회장의 '하면 된다'는 사고 방식에 전기를 마련해 준 것은 다름 아닌 빈대였다고 합니다. 정 회장은 아주 젊은 시절, 오갈데 없어 인천부두에서 막노동을 한 적이 있었습니다. 그곳의 노동자 합숙소는 빈대지옥이었다고 했습니다.

정 회장은 어느 날 꾀를 써서 밥상 위에 올라가 잤는데 잠시 뜸한가 했더니 곧 빈대가 밥상다리를 기어 올라와 물기 시작했습니다. 정 회장은 다시 머리를 써서 밥상다리 네 개를 물 담은 그릇들에 담가놓고 잠을 잤습니다. 빈대들이 밥상다리를 기어오르다가 다리가 담겨 있는 물그릇에 떨어지게 하려는 생각이었습니다.

그런데 더 놀라운 것이 빈대였습니다. 빈대들은 사람을 물기 위해 벽을 타고 천장으로 올라간 다음, 사람이 누워 있는 곳으로 떨어지는 것이었습니다. 정 회장은 등골이 오싹해지는 것을 느꼈습니다. 하찮은 빈대도 물그

룻이라는 장애물을 뛰어넘으려고 그토록 전심전력으로 애를 쓰고 필사적인 노력으로 제 뜻을 이루는데 만물의 영장이라는 인간이 뜻을 세우고 최선을 다하면 못할 것이 없다는 교훈을 얻었다는 것입니다.

삼성과 현대가 다양한 분야에서 성공적인 결과를 거둔 이런 현상, 즉 '하면 된다' 는 강한 집념은 우리나라의 각종 스포츠 분야에서도 잘 나타나고 있습니다. 올림픽과 세계선수권대회 등에서 세계 최고의 금메달을 목에 거는 우리나라 선수들이 한둘이 아닙니다. '하면 된다' 가 정답입니다. 포기하지 않고 '하면 된다' 는 자신감으로 끝까지 집념을 불태우면 기어코 성공할 것입니다.

곽경택 감독도 그렇지 않은가요. 의대를 포기하고 영화에 뛰어들어, 스스로 길을 만들며 앞으로 나아가 마침내 성공을 거두지 않았던가요.

'길이 없다고 포기하지 말고, 길이 없으면 스스로 만들어라.'

역시 하면 됩니다.

천호식품
[김영식 회장]

김영식의 부자가 되는 습관
- ◆ 성공한 사람을 많이 만나라
- ◆ 약속 시간 15분 전에 도착하라
- ◆ 아침을 잘 열어라
- ◆ 성공 가능한 목표를 휴대 전화에 설정하라
- ◆ 목표를 큰 소리로 외쳐라

김영식의 성공노하우
- ◆ 항상 겸손하라
- ◆ 프로 정신을 발휘하라
- ◆ 성공을 상상하라
- ◆ 무조건 도전하라
- ◆ 문자와 말의 위력을 명심하라

10미터만 더 뛰어봐

천호식품 **김영식** 회장

"산수유, 남자한테 참 좋은데…, 남자한테 정말 좋은데…, 어떻게 표현할 방법이 없네. 직접 말하기도 그렇고…."

'방법'을 '방뻡'이라고 발음하는 강한 경상도 사투리 억양의 유명한 건강식품 광고 카피입니다. 개그 프로그램에서 패러디로 더욱 널리 유행했던 이 자기 회사 상품의 TV광고에 직접 출연해서 더 한층 유명해진 인물이 (주)천호식품의 김영식 회장입니다.

　김 회장의 인생은 분명히 남다르지요. 파란만장과 우여곡절의 사연이 많고 삶이 밑바닥과 정상을 오르내리며 마침내 자신의 목표를 성취한 입지전적인 인물입니다. 그러나 처음부터 남달랐던 것은 아닙니다. 우리가 그를 성공 전략의 모델로 다루는 것은 일반적이고 평범한 사람들과 전혀 다를 바가 없었기 때문입니다. 그는 그야말로 무無에서 유有를 창조해낸 인물로 평범한 사람들도 얼마든지 그를 닮을 수 있기 때문입니다. 다시 말하면 그가 해낸 것을 평범한 우리도 '목표 설정'을 어떻게 하느냐에 따라서 얼마든지 해낼 수 있다는 것입니다.

　김영식은 1951년 경상남도 고성의 평범한 가정에서 태어나 고등학교도 마치지 못했습니다. 이것저것 돈벌이가 될 만한 일을 찾았지만 나이도 어렸고 제대로 되는 일이 없었습니다. 어쩔 수 없이 군에 입대했으며 제대한 뒤, 24세에 처음으로 학습지 사업을 시작했습니다. 누구보다 열정적이고 추진력이 뛰어났던 그는 학습지 사업으로 어느 정도 돈을 벌자 신발 깔창, 금연파이프 등을 만들어 팔며 열심히 돈을 벌었습니다.

대학 등록금이 50만 원도 안 되던 서른 살 때는 6개월에 6천만 원이 넘는 이익을 남기기도 했습니다. 요즘 대학 등록금을 5백만 원 정도로 보면 당시의 열 배니까 6개월에 약 6억 원을 벌었다고 볼 수 있습니다.

젊은 혈기와 남다른 열정과 추진력으로 큰돈을 벌었지만, 역시 젊었기 때문인지 자만심에 빠져 돈을 물 쓰듯이 하면서 장난감 제조, 주방기구 사업 등 닥치는 대로 사업을 확장시켜 나갔습니다. 그러나 이처럼 확고한 목표 없이 돈벌이에만 치중해서 중구난방 식으로 넓혀나간 사업은 한계가 있기 마련입니다. 여기저기서 문제점과 후유증이 드러나더니 한순간에 사업이 무너지고 무일푼이 되어버린 것입니다.

졸지에 빈털터리가 되어 한동안 허송세월하던 김영식은 1984년 '천호물산'을 설립했습니다. '물산'이라는 상호가 말해주듯이 뚜렷한 사업 목표가 있는 것이 아니라, 돈벌이가 될 만한 것이라면 무엇이든 해보려는 것이 목적이었습니다. 분명한 아이템이 없으니 제대로 될 리가 없었습니다. 지지부진한 사업으로 이렇다 할 성과를 얻지 못하고 있던 1986년 그는 불의의 교통사고를 당해 큰 고통을 겪었습니다. 다리에 6개월 동안이나 깁스를 했지만 뼈가 잘 굳지 않아 불편함은 말할 것도 없고 끊임없이 고통에 시달려야 했습니다. 갖가지 약물 치료와 뼈가 아무는 데 좋다는 온갖 약을 복용했지만 별 효과가 없었습니다.

그럴 무렵, 주위에서 달팽이를 먹어보라고 권하는 사람들이 있었습니다. 김영식은 크게 기대감을 갖지 않고 뼈가 굳는 데 좋다니까 한번 먹어나 보자는 심정으로 달팽이를 복용하기 시작했습니다. 그런데 뜻밖에 큰 효과가 있는 것이 아닌가요. 하루가 다르게 뼈가 굳고 상처가 아물었습니다. 그는 '바로 이거다!' 하며 사업 아이템을 찾아냈습니다. 교통사고와 달팽이가 그의 인생을 바꿔 놓은 것입니다.

사실 지금도 그렇지만 그 당시 달팽이의 식용에는 거부감이 컸을 뿐 아니라 식용 달팽이의 보급조차 거의 전무한 상태였습니다. 당연히 김영식은 무엇보다 식용 달팽이의 효과를 알리는 일과 보급이 우선이었습니다. 그는 나름대로 철저한 준비를 거쳐 1989년 식용 달팽이의 분양 사업을 시작했습니다. 그는 다음 해인 1990년, 천호물산을 '천호식품'으로 바꾸었습니다. 천호泉湖는 그의 선친이 작명해 준 것으로 "깨끗한 샘에서 물이 솟아 큰 호수를 이루어 많은 사람에게 물을 준다."는 뜻이었습니다. 그는 그와 함께 식용 달팽이를 건강식품으로 만들어 적극적으로 판매에 나섰지만 좀처럼 성과를 거두지 못했습니다. 역시 달팽이를 먹는다는 것에 대한 부정적 인식이 강한 탓이었습니다.

프랑스를 비롯한 서양에서는 식용 달팽이가 고급 요리 재료로 쓰인다지만, 달팽이는 식품이 아니라는 뿌리 깊은 우리 식문화의 전통적 인식을 바꾸는 일은 결코 쉬운 일이 아니었습니다. 무엇인가 돌파구가 반드시 필요했습니다. 그 방법을 놓고 오랫동안 고심하던 김영식은 마침내 '달팽이 엑기스'를 개발했습니다. 엑기스는 액체이기 때문에 거부감이 없을 것이라는 판단이었습니다.

다음은 홍보였습니다. 아무리 좋은 건강식품을 개발했더라도 그것을 제대로 홍보하지 못하면 성과를 얻을 수 없다는 것을 그는 잘 알고 있었습니다. 어느 방송의 인기 프로그램을 겨냥했습니다. 엄청난 TV 광고료를 감당할 수 없었던 그는 끈질기게 방송 프로그램에 매달려 출연 기회를 얻었고 달팽이 엑기스 효능에 대해 설명할 수 있었습니다. 결과는 대성공이었습니다. 달팽이 엑기스가 대박이 난 것입니다.

그 뒤 여러 해 동안, 건강식품 사업이 잘 풀려나갔고 김 회장은 당시 부산에서 현금 보유 100위 안에 들 정도로 알부자가 되었습니다. 그는 많은 현금을 보유하게 되자 또다시 욕심이 생겨 서바이벌 게임장, 찜질방, 황토방 체인점 등 다양한 사업을 펼쳐나갔습니다. 문어발식 사업 확장이었습니다. 1997년 말 전혀 예상치 못했던 IMF 외환 위기가 덮치면서 김 회장은 자금이 끊겨 하루아침에 파산하고 말았습니다. 200명이 넘던 직원들이 모두 떠나야 했고, 김 회장의 집과 회사는 경매에 넘어갔습니다. 그야말로 완전히 알거지 신세가 된 것입니다. 은행 부채만 하더라도 20억이 넘었습니다.

도무지 앞이 보이지 않았습니다. 아무리 머리를 짜내 봐도 엄청난 고난을 극복할 방법이 없었습니다. 그는 모든 것이 끝났으며 벼랑 끝에 서 있는 느낌이었습니다. 완전히 절망하여 자살을 결심했습니다.

김 회장은 빌딩 9층에 있는 사무실에서 뛰어내리려고 했습니다. 바로 그 순간 책상 위의 전화벨이 울렸습니다. 전화를 받으니 세무서 직원이 었습니다. 그는 다짜고짜 밀린 세금을 내라고 재촉했습니다. 거친 말이 오갔습니다.

"이봐요, 나, 지금 빚에 쫓겨 9층에서 뛰어내려 죽으려고 합니다. 이 판국에 세금은 무슨 놈의 세금이요?"

"죽더라도 세금은 내고 죽어야죠!"

세무서 직원이 냉혹하게 말하는 순간, 김 회장은 오기가 생겼습니다.

"뭐라고? 그래! 세금 낸다! 반드시 재기해서 세금 낸다!"

김 회장은 버럭 소리를 지르고 전화를 끊었습니다. 오기가 발동한 김 회장은 이를 악물었습니다. 사무실 보증금을 빼고 부친에게 2천만 원을 빌려 다급한 앞가림을 한 그는 기어이 다시 일어서고 말겠다며 스스로 다짐했습니다.

하지만 그가 지닌 재산이라고는 결혼 반지 하나뿐이었습니다. 그것을 전당포에 맡기고 130만 원을 마련했습니다. 서울 강남의 역삼동에 60만 원짜리 허름한 사무실을 마련하고 여직원 한 명을 뽑았습니다. 멋 모르고 들어왔다가 너무나 초라한 회사의 행색에 실망한 여직원이 나가려고 하자, 우선 40만 원을 선불로 주어 붙잡았습니다.

회사에 남아 있는 제품 가운데 '쑥진액'이 있었습니다. 김 회장은 그 것부터 팔기로 하고 20만 원으로 홍보 전단지를 만들었습니다. 그리고 쑥진액이 크게 들어간 명함, 어깨띠를 만들어 걸치고 거리에 나서 하루

온종일 오가는 사람들에게 명함과 전단지를 뿌렸습니다. 또한 식당, 길 거리에 주차해 있는 승용차에 전단지를 꽂아놓고, 골목길, 전봇대 가릴 것 없이 그의 발길이 닿는 곳은 어디에나 전단지를 붙였습니다.

심지어 부산행 비행기 안에서도 승객들에게 전단지를 돌렸습니다. 당황한 승무원이 다가와,

"손님, 아, 이러시면 안 됩니다."

하며 막았지만 그는 막무가내였습니다.

"난 쑥장수입니다. 쑥을 못 팔면 난 죽습니다."

승무원도 어쩔 수 없었습니다. 그는 동요 멜로디로 쑥 주제가를 만들어 사람들이 많은 곳에서는 어디서나 크게 불렀습니다.

"쑥, 쑥, 쑥 자로 끝나는 말은 이 쑥, 저 쑥, 들쑥 날쑥…,"

정말 죽기 살기였습니다. 여기저기서 드디어 김영식이 미쳤다는 소리가 들려왔습니다. 돈이 없어서 식사는 하루 저녁 한 끼로 때웠습니다. 소주 한 병과 600원짜리 소시지 한 개가 그의 하루 식사 전부였습니다.

'지성이면 감천'이라고 합니다. 죽기 살기로 덤벼든 그 쑥진액 장사는 하루가 다르게 효과가 나타나기 시작했습니다. 그가 홀로 쑥진액 장사를 시작한 지 한 달도 안 된 1998년 1월에 1,100만 원 매출을 올리더니 4월에는 9,800만 원, 1년 만에 매출이 50배로 뛰어 5억 원, 1999년 6월에는 9억 8,000만 원의 매출 실적을 올리는 초고속 신장이었습니다. 쑥진액 장사를 시작한 지 1년 11개월 만에 은행 빚 22억을 모두 갚았습니다.

김 회장은 그러한 과정에서 스스로 터득한 것이 있었습니다.

"아무리 돈이 많아도 비전문 분야에 뛰어들면 망한다."

그 뒤 그는 본업인 건강식품 이외에는 절대로 손을 대지 않았고 오직 건강식품 개발에만 최선을 다했습니다. 그것 역시,

"내가 직접 먹지 않는 것은 남에게 팔지 않는다."

이런 굳은 신념을 지니고 있습니다. 그에 따라 천호식품이 개발하는 건강식품마다 크게 성공해서 2004년에는 연매출이 100억을 기록했습니다. 한마디로 기적이었습니다. 그런 가운데 김 회장이 또 한 번 미친 것은 '통마늘진액'이었습니다. 제품의 효능에 자신한 그는 통마늘진액을 홍보하기 위해 마라톤 대회에 직접 출전하고, 부산역에서 서울역까지 자전거를 타고 올라오는 등 갖가지 과감한 이벤트를 실행했습니다. 뿐만 아니라, 천호식품과 김영식 회장을 더욱 유명하게 만든 최고의 히트 제품이 '신수유환'입니다.

이 제품을 홍보하기 위한 광고 전략회의 때의 일화입니다. 김 회장을 비롯해서 사장, 전무, 광고 대행사 책임자 등이 참석한 광고 전략 회의였는데 좀처럼 좋은 아이디어가 나오지 않았습니다. 답답한 김 회장이 혼자서 중얼거렸습니다.

"산수유, 남자한테 참 좋은데…, 남자한테 정말 좋은데…, 어떻게 표현할 방법이 없네. 직접 말하기도 그렇고…,"

강한 경상도 사투리로 김 회장 혼자 중얼거리는 소리를 들은 참석자들이 무릎을 쳤습니다.

"바로 그겁니다."

한때 시중에서 크게 회자됐던 유명한 광고 카피는 그렇게 탄생했습니다. TV 광고에는 유명한 인기 모델이 아니라 김 회장이 직접 출연해서 그의 말투 그대로 경상도 사투리로 말했습니다. 누구에게나 진솔하게 받아들여졌고, 진실성과 제품의 신뢰성이 저절로 드러나는 최고의 광고였습니다. 광고도 히트 쳤고 제품도 대성공을 거두었습니다.

김 회장은 어떤 일에 미치면 반드시 기적이 일어나게 돼 있고 미쳐야 할 이유는 자명하다고 말합니다. 또한 그는 말합니다.

"운이라는 것은 열심히 뛰면 오는 것입니다. 운은 자신의 발뒤꿈치에 있습니다."

현재 김 회장의 천호식품은 끊임없이 히트 제품을 내놓으면서 부산과 서울에 직원 400여 명을 두고 연 매출 1,000억 원이 넘는 건실한 중소기업으로 성장했습니다. 그가 60만 원짜리 작고 허름한 사무실을 얻어 '쑥진액' 장사를 시작했던 역삼동에 사옥도 지었습니다. 대중적으로도 잘 알려져 국내 대표적인 건강식품 회사의 하나로 자리 잡았습니다.

김 회장은 이렇게 주장합니다.

"돈을 많이 버는 것이 성공이 아니라, 자신이 정한 목표를 달성하는 것이 성공입니다. 처음부터 목표를 크게 세워 중간에 포기하는 경우가 많은데 작은 목표를 달성하다 보면 큰 목표도 이루어집니다. 목표 달성의 달콤한 맛을 봐야 더 큰 성공을 이룰 수 있습니다. 그래서 멀리도 아니고 10미터만 더 뛰면 됩니다. 지금 바로 뛰세요."

김 회장은 자수성가한 성실한 기업인으로서 대통령 표창, 보건복지부 장관상, 모범납세자로 국세청장상 등 수많은 상을 받았습니다. 또한 온갖 어려움 속에서도 못다 한 공부를 계속, 부산 동아대학교에서 경영학 박사학위도 받았으며 모교의 겸임 교수로 후진들을 가르치며 유명한 강연자로 전국에서 수많은 강연 활동을 펼치고 있습니다.

2008년에는 자신의 인생과 경영철학을 담은 저서 『10미터만 더 뛰어봐』를 출간, 베스트셀러가 되기도 했으며, 2010년 8월, KBS 1TV의 〈아침마당〉의 '목요 특강'에 출연해서 '당신도 부자가 될 수 있다'라는 주제로 강연, 좋은 반응을 얻었습니다. 자신이 젊었을 때 고생하며 의지를 불태웠던 경험, 자기 반성, 자아 발견, 자아 계발 과정, 성공 노하우 등이 큰 공감을 주었습니다.

특히 성공 노하우에 있어서 사람은 저마다 다른 환경, 다른 능력을 가지고 있기 때문에 성공한 사람들이 전하는 노하우가 누구에게나 적용되는 것은 아니라는 것, 인생의 밑바닥을 겪어봐야 성공할 수 있다는 판박이 같은 말도 성공 후에나 할 수 있는 얘기라는 지적 등이 큰 공감을 주었습니다.

뉴턴의 운동 법칙

"하늘은 스스로 돕는 자를 돕습니다. 스스로 도전하고 움직일 때 모든 것이 시작입니다. 하느님도, 예수님도, 부처님도, 알라 신도, 그 누구도 도전하지 않고, 노력하지 않고, 포기하고 있는 사람에게는 아무것도 주지 않습니다."

개척하고 도전하는 사람만이 더 큰 것을 만들어 냅니다. 그것을 입증하는 것이 '뉴턴의 운동 법칙'입니다. 뉴턴이 확립한 역학의 기본이 되는 운동 법칙은 '관성의 법칙'과 '가속도의 법칙'입니다.

운동의 제 1 법칙인 '관성의 법칙'에 의하면 외부로부터 물체에 힘이 작용하지 않는 한, 정지하고 있던 물체는 계속해서 정지해 있고, 운동하고 있던 물체는 언제까지나 같은 속도로 운동을 한다는 것입니다. 즉, 책상 위에 컵이 놓여있는데 누군가 그 컵을 들거나 움직이지 않으면 언제까지나 그 상태를 유지한다는 법칙입니다.

또한 외부로부터 물체에 힘이 가해지지 않는 한, 움직이던 물체는 언제까지나 같은 속도로 움직입니다. 좋은 예가 우리 지구입니다. 잘 알다시피 지구는 공전 운동과 자전 운동을 변함없이 계속하고 있습니다. 그러나 만

약에 거대한 행성이 지구에 충돌한다면 지구의 공전과 자전 운동은 깨질 수 있습니다. 이것이 '외부의 힘' 입니다.

이러한 관성의 법칙은 물체뿐만 아니라 우리의 인생에도 그대로 적용되는 것을 알 수 있습니다. 자신을 스스로 패배자로 규정하고 현실을 비관하며 미래를 절망적으로 생각하는 사람들이 있습니다. 그들은 거기에서 벗어나오지 못합니다.

이들은 아무 행동도 하지 않습니다. 세상을 비난하고 주변에 대해 험담만 늘어놓습니다. 자신이 잘못된 것을 자기 잘못이 아니라 다른 사람, 세상의 잘못이라고 단정 짓습니다. 이런 사람은 움직이지 않습니다. 계속해서 정지해 있고 그 절망의 깊이는 더욱 깊어질 뿐입니다.

그 절망의 늪에서 벗어나오기는 더욱 힘듭니다. 이런 사람들은 서로 비슷한 사람들끼리만 만나고 그들끼리만 대화합니다. 그들 역시 세상을 비난하고 헐뜯습니다. 패배 의식은 늘 자신을 스스로 패배자로 만듭니다. 관성의 법칙에 따라 그들은 계속 절망 속에서 정지 상태에 있을 뿐입니다.

하지만 그들과 다르게 자기 인생에서 자신이 주인공이라고 생각하는 사람들이 있습니다. 이들은 늘 노선합니다. 현실을 긍정하고 미래를 낙관적으로 생각하며 희망을 갖습니다. 현실이 좀 힘들고 어렵더라도 반드시 좋은 날이 올 것이라고 생각하는 사람들입니다. 이런 사람들은 결국에는 자신이 꿈꾸던 목표를 성취하게 됩니다. 이러한 사람들 역시 관성의 법칙에 따라 계속 움직이는 상태를 유지하는 것입니다.

생각해 보면, 지금은 자신의 꿈을 향해 끊임없이 도전하는 사람들조차도 모두가 처음부터 그렇게 하지는 않았습니다. 그들은 어떤 계기로 최초의 도전을 시작했으며, 그 도전이 성취를 가져다준다는 것을 체험했을 것입니다. 그래서 그 경험 때문에 또 다른 도전을 계속하고 있는 것입니다.

당신도 어떤 상태에 갇혀서 꼼짝하지 못하고 있다면, 움직일 수 없다면, 당신의 꿈과 목표를 향해 일단 한 발자국만 내디뎌 보십시오. 한 발자국만 내딛기 시작하면, 그것이 관성의 법칙의 한계를 극복하는 첫걸음이 됩니다. 또한 그것이 첫 도전입니다. 앞으로 나아가는 관성이 생기기 시작합니다. 일단 시작해야 합니다. 일단 행동해야 합니다. 그것이 핵심입니다.

성공한 사람들은 왜 항상 더 큰 성공을 거머쥐게 되는 걸까요? 그 사람들에게는 어떤 마법이라도 있는 것일까요? 물론 있습니다. 그 마법의 법칙이 바로 운동의 제 2 법칙인 '가속도의 법칙' 입니다. 이 법칙에 따르면 물체에 힘이 작용했을 때 생기는 가속도의 방향은 힘의 방향과 같으며, 그 크기는 힘의 크기에 비례하고 질량에 반비례합니다.

바로 이런 가속도의 법칙처럼 성공한 사람들은 더 큰 성공을 거머쥐게 되는 것입니다.

"가속도의 방향은 힘의 방향과 같습니다."

바로 이것입니다. 이러한 사람들은 늘 긍정적인 힘을 가합니다. 따라서 가속도의 방향도 긍정적인 방향으로 나타납니다. 그리하여 한 번 성공한 사람이 지속적인 성공을 성취하는 것입니다. 그와 반대로 실패한 사람들은 항상 더 크고 또 다른 실패를 경험하게 됩니다. 이들은 부정적이기 때문에 가속도의 방향도 부정적으로 작동합니다.

결국은 물체와 인간에게,

"힘이 작용했을 때 가속도의 방향과 힘의 방향이 같고, 크기는 힘의 크기에 비례합니다."

라는 것이 핵심입니다. 그래서 성공한 사람들은 항상 더 큰 성공을 성취하여 결국은 남들이 따라오지 못하는 놀라운 업적을 남기는 것입니다.

김영식 회장이 부산에서 현금 보유 100위 안에 들었을 때, 느닷없이 서바이벌 게임장, 찜질방, 황토방 등 다각적인 사업을 벌인 데는 나름대로 이유가 있습니다. 김 회장은 성격상 계속적인 행동을 하도록 학습되어 있기 때문입니다. 하지만 김 회장이 그러한 사업들에 실패한 이유가 있습니다. 바로 관성의 법칙을 잘못 적용한 탓입니다.

즉 자신이 잘 아는 노하우가 충분한 사업에 접목해야 했는데, 무차별적으로 확장하다 보니 사업이 실패로 돌아간 것입니다. 김 회장도 그것을 절실히 깨달았습니다. 실패한 이후, 자신의 핵심 경쟁력인 건강식품으로 되돌아와, 마침내 내막을 터뜨리며 오늘날 자신의 성공 역사를 쓰게 된 것입니다.

그러면 김 회장이 우리나라의 어떤 건강식품 사업자보다도 크게 성공한 이유는 무엇일까요? 그것은 다른 사람들보다 더 큰 가속도의 법칙을 갖고 있었기 때문입니다. 김 회장은 자신이 원치 않았던 실패를 경험했지만, 그 실패로 말미암아 겪어야 했던 충격과 재기하려는 노력이 훨씬 더 큰 힘으로 작용했던 것입니다. 사업에 실패하고 자살하려 했을 때, 돈이 없어서 소주 한 병과 소시지 하나로 하루 끼니를 때우던 그 목숨 건 질주가 절망을 극복하는 원동력이 된 것입니다.

"어떤 일에 미치면 반드시 기적이 일어나게 돼 있습니다. 미쳐야 할 이유는 자명합니다."

우리는 김영식 회장을 통해서 다음 세 가지를 배울 수 있습니다.

1. 절대 포기하지 마라.

2. 하늘은 스스로 돕는 자를 돕는다.

3. 관성의 법칙이 성공의 핵심이다.

김 회장은 "아무리 힘들더라도 10미터만 더 뛰어봐."라고 주문합니다.

여러분도 관성의 법칙과 가속도의 법칙으로 무장하고 성공을 향해 한 걸음만 더 뛰어보기 바랍니다. 다음이 아니라, 내일이 아니라, 바로 지금 뛰어보기 바랍니다. 자신이 뛰는 만큼 자신이 원하는 목표와 꿈에 다가갈 것입니다.

[아나운서 이숙영]

죽음을 생각하면 삶이 치열해진나

이숙영은 이렇게 말합니다.

"다행히 제 목소리가 아침에 잘 맞고 활기차기 때문이 아닐까 생각해요. 활기차게 살 수 있었던 것은 아마도 삶에 대한 자세에서 비롯된 것 같은데, 죽음을 생각하면 역설적으로 삶이 치열해질 수 있거든요. 인간은 유한한 존재이기 때문에 누구를 미워할 것도 없고, 스트레스 받을 필요도 없잖아요. 저는 항상 그렇게 생각해요. '오늘 죽고 내일 아침 부활한다'는 신념으로 살다 보니 어느새 27년이네요."

소통의 비밀

아나운서 **이숙영**

'애정당 당수' 이숙영 아나운서를 처음 만난 것은 〈SBS 이숙영의 POWER FM〉에서 매주 아침에 〈송진구 교수의 특강〉을 진행할 때였습니다.

2012년 12월부터 2013년 5월까지 약 6개월간 매주 출연한 프로였는데, 시작하던 12월 겨울 폭설이 내려서 서울 시내가 눈 속에 잠긴 날 방송국 스튜디오에서 처음 만났습니다. 깜짝 놀랐습니다. 보통 사람은 엄두도 못 낼 총천연색 빨강 옷을 입고 있었는데, 반팔에 매우 짧은 스커트를 입고 있었어요. 머리에는 꽃을 꽂고. 그날 무슨 행사가 있나 생각했는데, 겨울 내내 그 짧은 의상을 하고 방송국에 출근을 하는 겁니다. 나중에 알고 봤더니 평소 의상이 그렇다고 합니다.

이숙영 아나운서는 열정의 화신이었습니다. 도저히 나이를 가늠할 수 없고, 일과 인생을 즐기면서 살아가는 행복한 프로였습니다. 더구나 타인에게 아주 따뜻한 배려와 감동을 주는 인물이었습니다.

무려 27년 동안, 언제나 변함없이 이른 아침 7시 무렵이면 라디오에서 들려오는 에너지 넘치고 열정적인 목소리의 주인공, 이숙영 아나운서. 그녀를 모르는 사람은 드물 것입니다. 그녀는 일반적으로 방송인이지만, 역시 천직이나 다름없는 아나운서 이숙영이 더 어울립니다.

먼저 이숙영의 이력을 간단히 살펴보고 그녀에 대한 얘기를 시작하겠습니다.

경기여고와 이화여대 영어영문학과를 졸업하고, 1979년 곧바로 당시

DBS(동아방송) 아나운서로 입사했습니다. 그러나 1980년 방송이 통폐합되면서 동아방송이 KBS와 통합되어 이숙영은 KBS 라디오 아나운서가 되었습니다.

1986년, 이숙영은 우연히 동료 아나운서의 출산 휴가로 그가 진행하던 〈KBS FM 대행진〉의 대타로 들어가 임시 진행을 하게 됐습니다. 그런데 이숙영의 독특하고 재치 넘치는 진행 방식이 청취자들에게 화제가 되면서 그다음 해, 같은 프로그램을 맡아 고정으로 진행하게 됐습니다.

그와 함께 매일 이른 아침, 그녀의 활기 넘치고 열정적이며 해박하고 톡톡 튀는 FM 진행은 당장 큰 화제가 되어 인기프로그램이 됐습니다. 이숙영은 당당히 인기 아나운서, 인기 스타가 되었고, 큰 인기와 함께 1993년 라디오 아나운서 최초로 프리를 선언하고 프리랜서가 되었지만 1996년까지 10년 동안이나 변함없이 〈KBS FM 대행진〉을 진행했습니다.

그 후 1997년 SBS 라디오로 자리를 옮겨 오늘날까지 이른 아침 7시대의 〈SBS 이숙영의 파워 FM〉을 진행하고 있습니다. 1986년부터 따지면 무려 27년을 하루도 빠짐없이 라디오 생방송을 진행하고 있는 셈입니다. 많은 사람들이 아침 출근길에 차 안에서 그녀가 진행하는 에너지와 열정이 넘치는 방송을 들으며 활력을 얻습니다. 이숙영은 이렇게 말합니다.

"아침마다 건강한 정기를 쏴 드리는 거죠. 저의 방송을 듣는 분들이 진짜로 기가 들어오는 것 같다고 느낀답니다."

이숙영은 톡톡 튀는 뛰어난 화술과 함께 남녀의 애정 문제를 어드바이스하는 데 탁월한 솜씨를 보입니다. 그 때문에 스스로 '애정당 당수'라고 자칭합니다. 따라서 남녀 애정 문제, 화술에 대한 10여 권의 책을 썼습니다. 특히 『애첩기질 본처기질』 『연애학 개론』 『맛있는 대화법』 등은 베스트셀러가 되기도 했습니다. 또한 '사랑과 성공'의 인기 강사로서 전국에서 열정적인 강연 활동을 펼치고 있습니다.

올해 어느 종편 TV 프로그램에 출연했습니다. 이숙영은 어머니가 췌장암으로 돌아가셔서 가족력이 있기 때문에 암에 대한 막연한 두려움이 있어서 오랫동안 건강 검진을 회피해 왔습니다. 그런데 그가 출연한 프로그램에 방송의 일환으로 진행되는 건강 검진이 있어서 마지못해 대장암에 대한 검진을 했는데 그 결과가 충격적이었습니다. 점막화 종양인 작은 혹이 발견됐고 암으로 의심되는 유암종까지 있었습니다. 천만다행으로 방송 과정을 통해 일찍 발견되었기 때문에 완치가 가능하다는 소견을 듣고 안도의 한숨을 내쉬기도 했습니다.

그녀는 이미 중년을 넘어섰지만 중년이기를, 아줌마이기를 철저하게 거부합니다. 방송 중에도 자신을 '숙영낭자'라고 부릅니다. 아직도 10대의 호기심으로, 20대의 열정으로 하루하루를 축제처럼 살아갑니다.

하루도 어김없이 새벽 5시에 일어나서 신문을 읽고, 아침 식사를 하고, 방송으로 출근해서 생방송 준비를 합니다. 수면은 하루 4시간 정도

라고 했습니다. 방송 DJ로서는 딱 맞는 체질입니다. 매일 아침 눈을 뜨면 마음속으로,

"오늘도 축제가 시작됐구나. 행복의 기차를 타보자."

이런 다짐을 한다고 했습니다. 누구나 마음먹기에 따라서 하루가 축제가 될 수도 있고, 머리 아픈 '숙제'가 될 수도 있는 것입니다.

방송은 변화가 극심하고 무척 민감한 분야입니다. 그런 곳에서 어떻게 27년 동안이나 한결같이 청취자들과 공존할 수 있었을까요? 그녀는 이렇게 말했습니다.

"다행히 제 목소리가 아침에 잘 맞고 활기차기 때문이 아닐까 생각해요. 활기차게 살 수 있었던 것은 아마도 삶에 대한 자세에서 비롯된 것 같은데, 죽음을 생각하면 역설적으로 삶이 치열해질 수 있거든요. 인간은 유한한 존재이기 때문에 누구를 미워할 것도 없고, 스트레스 받을 필요도 없잖아요. 저는 항싱 그렇게 생각해요. '오늘 죽고 내일 아침 부활한다'는 신념으로 살다 보니 어느새 27년이네요."

방송은 봄과 가을 정기적으로 개편을 하기 때문에 종사자들은 스트레스가 심합니다. 특히 자신의 전문성을 밑천으로 방송에 참여하고 있는 프리랜서들은 개편 때가 되면 프로그램이 폐지되거나 프리랜서를 교체하는 경우가 많기 때문에 더욱 스트레스를 받습니다. 그러나 이숙영은 편안한 마음을 갖습니다.

"항상 낙하산을 준비하고 낙법을 준비하고 있죠. 나는 언제든지 나락으로 떨어질 수 있습니다. 항상 양지만 있을 수는 없다는 생각을 갖고

있습니다."

만일 이숙영의 프로그램이 개편되면서 진행자가 바뀌게 된다면 마음이 어떨 것 같으냐는 질문에 그녀는 아주 의미 있는 답변을 했습니다.

"열심히 하되 집착은 안 합니다. 프리랜서를 선언한 이후 독립군이 됐고, 내가 노력한 만큼 평가는 받지만 지금도 언제 잘릴지 모르잖아요? 프리랜서는 보너스도 없고, 퇴직금도 없고, 개편 때마다 백수가 될 수 있잖아요. 당연히 걱정도 되고 두려움도 있습니다. 그럴 때마다 욕망을 구조 조정하자, 그런 마음을 먹어요. 승용차 탈 형편이 안 되면 지하철 타고, 비싼 헬스클럽 못 가면 김밥 사들고 등산 가서 즐기는 겁니다."

그녀는 거미줄 같은 인간관계를 쌓아야 성공한다고 말합니다. 따라서 성공을 위해서는 인간관계에 거미줄을 치는 거미형 인간이 되어야 한다고 주장합니다. 성공을 위해서 가정과 인맥을 중요시해야 한다고 힘주어 말합니다.

"가정 관리는 부부가 서로를 관대함으로 대할 때부터 시작됩니다. 상대방을 있는 그대로 인정하고 특히 여성의 경우, 남성의 정체성을 지켜주는 것도 중요합니다. 자녀를 대할 때도 명령형이 아닌 질문형으로 대화하고 자녀 스스로 문제에 대한 해법을 내놓도록 도와야 합니다. 그리고 인맥을 쌓아나가기 위해서는 남에게 베풀어야 하고, 자신의 분노를 잘 관리해야 합니다. 유머 감각도 요즘 시대에는 필수적인 요소입니다. 타고난 유머 감각이 없다면 지금부터라도 노력해야 합니다."

모두 타당한 말입니다. 이숙영 아나운서가 전문직 여성으로 성공적인 삶을 살아가는 인생 철학이 그의 말에 그대로 담겨 있습니다. 그녀는 끼가 아주 많은 아나운서로 통합니다. 유난히 애정 문제에 관심이 많아서 연애를 소재로 한 에세이집도 아홉 권이나 냈습니다. 거기다가 수많은 청취자들과 사랑 상담을 하다 보니 '애정당 당수'라는 애칭까지 얻게 됐습니다. 자칭 애정당 당규(?)가 재미있습니다.

"가는 사람 붙잡고, 오는 사람 안 막는다."

소통의 다섯 가지 비밀

미국 UCLA 멜라비언 명예교수가 '사람을 설득할 때 무엇이 가장 중요한 영향을 미치는가' 라는 연구를 발표한 적이 있습니다. 우리는 흔히 말 잘하는 사람이 남을 잘 설득할 것으로 생각합니다. 그런데 멜라비언 교수의 연구 결과는 전혀 그와 다르게 나타났습니다.

그의 연구 결과에 따르면, 상대를 설득하는 데는 언어적, 정서적, 신체적 3가지 요소가 있는데, 각기 설득하는 데 미치는 영향은 이러합니다.

상대방 말의 내용, 즉 언어적 요소의 영향은 7% 정도이며, 음정, 음색, 강약, 호흡, 분위기 등 정서적 요소가 38% 그리고 눈의 위치, 자세, 움직임 등 신체적 요소가 미치는 영향이 55%로 나타났습니다. 결국 언어 이외의 요소가 무려 93%나 영향을 미친다는 분석이었습니다.

필자의 절친한 후배 가운데 판사가 있습니다. 이 판사 후배에게 어느 사석에서 은근히 질문을 던져봤습니다.

"김 판사. 혹시 재판하다가 그 사람의 외모 때문에 형량을 바꾼 적은 없나?"

판사 후배는 절대로 그럴 수 없다고 펄쩍 뛰었습니다. 판사는 정확하게 양형 기준에 맞는 판단을 한다고 강력하게 주장했습니다. 하지만 필자는 외국은 물론, 우리나라에서도 피고의 외모가 판결에 영향을 미친 사례들을 들어서 알고 있었기 때문에 끈질기게 파고들었습니다. 폭탄주를 마시고 술이 몹시 취한 뒤에야 판사 후배가 자신의 경험을 실토했습니다. 내용은 이러했습니다.

언젠가 검찰에서 기소장이 왔는데 피고인이 여자였습니다. 피고는 폭행죄로 기소되었는데, 술에 취해 사귀는 남자친구의 머리를 하이힐로 찍어 심한 부상을 입힌 전과가 있는 젊은 여성이었습니다. 그 때문에 남자친구에게 고소를 당하고 결국 헤어졌는데, 그 뒤에 새로 사귄 남자친구에게도 역시 술에 취해 하이힐로 머리를 찍은 것이었습니다.

판사 후배는 아주 상습범이라고 생각했습니다. 어떻게 남자를 두 명씩이나 하이힐로 머리를 찍었는지 무척 엄중하게 생각했다는 것입니다. 그런데 재판이 열리고 법정에 들어서 보니, 피고인 젊은 여성이 날씬하고 작은 몸매에 아주 예쁘게 생겼더라는 것입니다. 그리고 순간적으로 "남자들이 잘못했겠구만." 하는 생각이 들었다고 했습니다. 그리하여 결국 양형기준 중에서 낮은 형량을 선고했다는 우스갯소리를 들었습니다.

사람의 인상이 판사의 형량에 영향을 준다는 연구 결과는 수없이 많습니다. 농담이지만 혹시 법정에서 도움을 받으려면 평소에 인상 관리를 잘해야 할 필요가 있을 것 같습니다.

결혼을 해도 후회, 안 해도 후회라는 말이 있습니다. 왜 그럴까요? 이유가 있습니다.

결혼하는 이유 – 판단력 부족

이혼하는 이유 – 인내력 부족

재혼하는 이유 – 기억력 부족

그냥 떠도는 우스갯소리입니다.

이혼하는 부부의 상당수가 치약 때문이라는 얘기가 있습니다. 부부의 어느 한쪽은 치약을 끝에서부터 눌러 짜고, 다른 한쪽은 중간부터 꾹 눌러 짜기 때문에 부부 사이에 다툼이 생기고 차츰 그 다툼이 다른 문제들로 확대되어 마침내 이혼까지 하게 된다는 얘기입니다.

개와 고양이가 만나면 서로 싸우는 이유를 아나요? 서로 신호가 다르기 때문입니다. 개가 고양이를 만나면 반가워서 꼬리를 들고 살랑살랑 흔들고, 앞다리를 들고 흔들어 대며 몸을 낮춥니다. 그런데 고양이는 다짜고짜 개와 싸움을 시작합니다. 왜 그럴까요? 그와 같은 개의 반가움의 동작들은 고양이들이 화가 났을 때 하는 동작이기 때문입니다. 그와 같이 서로 신호가 다르면 소통이 이루어지지 않습니다.

사람끼리도 서로 상대의 신호를 잘 읽어야 합니다. 누가 맞고 누가 틀린 것이 아니라 사람 사이에도 성격이나 직업 습성 등으로 서로 다를 수 있습니다. 이를테면 깡패들끼리는 반가움을 나타낼 때, 서로 욕설을 내뱉으며 가볍게 주먹과 발길질이 오고가기도 합니다. 깡패가 아닌 사람이 그런 경우를 당하면 역시 깡패라서 무작정 폭력을 휘두른다고 오해하기 십상입니다. 서로 신호가 통하고 의사가 통하는 것이 바로 '소통'입니다. 소통은 인간관계에서 가장 중요한 덕목이라고 할 수 있습니다. 그렇다면 어떻게 소통을 잘할 수 있을까? 소통에는 다음과 같은 다섯 가지 비밀이 있습니다.

첫째, 상대방의 성격을 파악하라

어떤 사람의 유형을 1분 안에 판단하는 방법이 있습니다. 한번 자신을 체크해 보기 바랍니다.

먼저 자신의 성격을 '급하다'와 '여유 있다' 가운데 한 가지로 선택합니다. 다음 무엇인가를 할 때 '업무 중심적이다'와 '사람 중심적이다' 가운

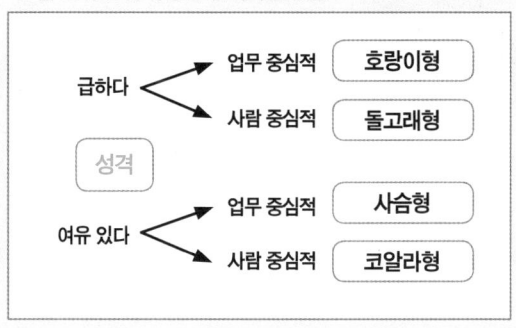

데 한 가지를 선택해 봅니다. 결과는 이렇습니다.

✱ 성격이 급한데 업무 중심적이라면 호랑이형입니다.

✱ 성격이 급한데 사람 중심적이라면 돌고래형입니다.

✱ 성격이 여유 있는데 업무 중심적이면 사슴형입니다.

✱ 성격이 여유 있는데 사람 중심적이면 코알라형입니다.

◆ 네 가지 행동유형의 특징

코알라형		돌고래형
특징 조용함 속도가 느림 소극적 입지 안정성 추구		**특징** 낙관적 속도가 빠름 감정적 인정받기
추구하는 것 성실함과 안전, 평가		**추구하는 것** 인기와 명성
특징 조심성 정확성 공정성 정밀함		**특징** 앞장서기 통제하기 경쟁속의 승리 인정받기
추구하는 것 정확성과 정밀함		**추구하는 것** 목표성취와 지휘권
사슴형		호랑이형

이런 유형은 노래방에 가서도 행동이 다릅니다.

호랑이형은 탄력 받으면 마이크 잡고 놓지 않습니다. 앵콜 없어도 서너 곡을 뽑는 사람들입니다.

돌고래형은 탄력 받으면 넥타이 머리에 두르고 탬버린 들고, 소화기 들고 뛰는 사람들입니다.

코알라형은 구석에서 박수칠 준비를 하고 있고요,

사슴형은 노래방에 들어가서 나올 때까지 노래를 고르지 못하는 사람들입니다.

엘리베이터를 타면 호랑이형은 사람이 많아도 "7층 좀 눌러주세요!"라고 말하고, 돌고래형은 버튼 앞에 서서 새로 타는 사람들에게 물어봅니다.

"몇 층 가세요?"

왜 그러냐면, 눌러주면 고맙다는 얘기를 듣고 싶고, 고맙다는 소리를 들으면 힘이 생기기 때문입니다. 코알라형은 다른 사람이 타는 데 방해받지 않도록 구석에 서 있죠.

사슴형은 엘리베이터에 써 있는 숫자를 주시합니다. 정격중량 1,120kg, 정원 22명.

소통에 있어서 핵심은 상대에 대한 칭찬입니다. 칭찬에도 기법이 있습니다. 칭찬할 일이 생기면 즉시 해야 합니다. 부하 직원을 나무랄 때도 기법이 있습니다. 나중에 따로 불러서 질책해야 합니다. 그런데 우리는 그 반대로 하는 경우가 많습니다. 남들이 있을 때 혼내고, 상대가 혼자 있을 때 칭찬합니다. 그것은 사람을 잃는 지름길입니다.

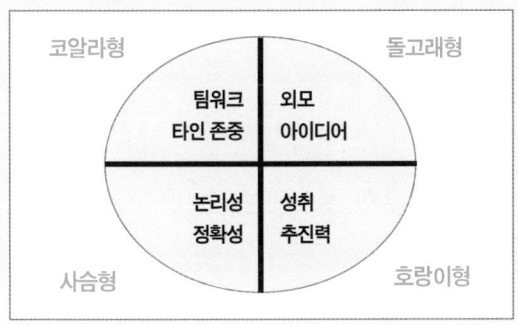

◆ 상대에 따라 칭찬을 달리하라

우리 인체에서 가장 강한 힘을 가진 부위가 어디일까요? 바로 혀입니다. 혀는 수많은 사람을 죽이기도 하고 살리기도 합니다. 직장에서 절대로 하지 말아야 할 것이 있습니다. 이른바 '뒷담화'입니다. 당사자가 없는 자리에서 인신공격하는 것을 말합니다.

절대로 뒷담화는 하지 말아야 합니다. 모든 뒷담화는 100% 들어간다고 보면 됩니다. 심지어 "너한테만 말하는데…."도 들어갑니다.

뒷담화는 세 사람을 죽입니다. 뒷담화를 하는 사람, 듣는 사람, 그 대상인 사람, 세 사람이 모두 죽는 행위입니다. 절대로 뒷담화는 하지 말아야 합니다.

그러나 뒷담화라도 칭찬은 괜찮습니다. 효과가 200%입니다. 당사자가 없는 자리에서 그 사람을 칭찬해 주면, 뒷담화를 한 사람에 대한 신뢰도가 상당히 높아집니다. 또한 칭찬에 대한 그릇된 인식도 고쳐야 합니다. 우리는 상사, 즉 윗사람에 대한 칭찬이 인색합니다. 왜냐하면 칭찬과 아부를 구분하지 못하기 때문입니다. 칭찬할 이유가 없는 상사를 칭찬한다면 그것은 아부입니다. 하지만 칭찬할 이유가 있는 상사를 칭찬하는 것은 진짜 칭찬입니다. 상사는 부하로부터 칭찬듣기를 좋아합니다.

둘째, 인상을 수정하라

첫인상에는 4초, 4분, 40시간의 비밀이 있습니다. 사람을 처음 만났을 때 갖게 되는 상대방에 대한 첫인상은 4초 안에 결정됩니다. 4초 만에 그 사람에 대한 80%를 결정해 버립니다. 하지만 그 첫인상이 결코 정확한 것이 아닙니다. 만일 상대에 대한 첫인상을 잘못 판단했다면 그 첫인상을 개선하는 데 40시간이 걸립니다.

그런데 일반적으로 40시간을 함께 하는 사람은 가족, 친구, 동료 등 극히 제한적입니다. 새로 알게 된 사람을 하루에 1시간씩 만나도 40일을 만나야 잘못 판단한 상대방의 첫인상을 개선할 수 있는 것입니다. 결국 첫인상을 잘못 보면 개선이 불가능하다는 얘기가 됩니다. 그러나 4초와 40시간 사이에 4분의 비밀이 있습니다. 처음 만나 대화하면서 "내가 이 사람과 계속 관계를 가지면서 만날까? 그만둘까?"를 결정하게 됩니다.

결국 어떤 사람을 처음 만나면, 자신의 기본적인 표정을 바꿔서라도 최소한 4분 동안에 상대가 호감을 갖도록 노력해야 합니다. 이러한 노력이 계속되면 자신도 모르는 사이에 자신의 인상이 바뀌게 되는 것입니다.

셋째, 3·2·1의 법칙을 준수하라

가령 6분의 시간을 주고 상대를 설득해 보라고 하면, 대개 자기 얘기만 하고 끝납니다. 상대는 전혀 설득되지 않습니다. 상대를 설득하려면 '3·2·1 법칙'을 활용해 보는 것이 좋습니다. 3·2·1 법칙이란 3분간 상대의 눈을 보면서 경청하고, 2분간 추임새를 넣고, 1분간 내 얘기를 하는 것입니다.

가장 중요한 것이 2분간의 추임새입니다. 상대방의 얘기에 동의하고 동조하는 것입니다. 한 시간 동안 상대방과 마주 한다면 절반인 30분 동안 그의 얘기를 진지하게 듣고 20분 동안 그의 견해와 주장에 동조하고 나머지 10분을 이용해서 자신이 설득하고자 하는 내용을 얘기한다면 상대방도 동의하고 동조하지 않을 수 없습니다.

대화에서 한 사람의 이야기가 제일 듣기 좋은 시간은 45초 동안이라고 합니다. 1분 30초를 넘으면 듣는 사람이 약간 지루하게 느낍니다. 2분 10초를 넘어가면 말하는 사람 자신도 앞뒤 연결을 놓치고, 듣는 쪽도 요점을 잡기 어렵습니다. 따라서 스피치 시간은 길어도 3분을 넘기지 않는 것이 좋다고 합니다.

소비자 심리를 연구한 결과에 의하면, 컵라면을 앞에 두고 3분 동안 기다릴 때 사람들은 가장 강한 시장기를 느낀다고 합니다. 컵라면의 3분은 '맛' 을 우려내는 '마음의 시간' 인 셈입니다. 대화하면서 혼자서 말하는 시간이 3분을 넘기지 않는 것이 좋습니다.

넷째, 90초만 참아라

화를 낸다는 것, 화는 인간의 본성이나 다름없습니다. 하지만 화를 잘못 내게 되면 일을 그르칠 때가 많습니다. 가슴속에서 불끈 일어나는 화는 90초만 지나면 대개 눈 녹듯이 가라앉습니다. 그 90초를 못 견디고 화를 내게 되면 화가 화를 부르는 것입니다. 아무리 화가 나더라도 90초만 참으면 인생이 행복해집니다. 뿐만 아니라, 상대방은 꿋꿋이 화를 참는 사람에게 동조하게 됩니다. 그리하여 설득이 손쉽게 이루어집니다.

다섯째, 유머로 무장하라

이런 유머가 있습니다.

✳ 뽀뽀와 키스의 차이

　　뽀뽀 – 황홀하다

　　키스 – 그다음이 기대된다

✳ 결혼상대

　　초혼 – '이상형'을 찾는다

　　재혼 – '이상한 놈'만 아니면 된다

✳ 건망증

노부부가 TV를 보다가 아내가 일어나려고 하자 남편이 말했다.

"여보, 냉장고에서 아이스크림하고 우유 좀 가져와. 까먹을지 모르니까 적어 가"

"당신은 내가 치매라도 걸린 줄 알아요? 걱정 말아요."

잠시 후 아내가 삶은 계란을 그릇에 담아오자 남편이 말했다.

"왜 소금은 안 가져 와. 그러게 내가 적어 가라고 했잖아~~."

✳ 세대별 외박 거짓말

10대 오늘 그냥 독서실에서 공부할게.

20대 오늘 MT 간다고 했잖아.

30대 자기! 나 오늘 야근이야. 새 팀장이 장난 아냐.

40대 여보! 춘식이 알지? 춘식이 아버님 오늘 돌아가셨어.

50대 외박은 무슨 외박!! 집이 최고지.

＊ 남편이란 존재는 이래저래 골칫덩어리

집에 두고 오면 …… 근심 덩어리

같이 나오면 …… 짐 덩어리

혼자 내보내면 …… 걱정 덩어리

마주 앉아 있으면 …… 웬수 덩어리

유머는 삶을 즐겁게 해줄 뿐 아니라, 인간관계에서 더없이 중요한 윤활유입니다. 어색하고 서먹서먹한 사이도 재치 있는 유머로 분위기를 바꿔놓는가 하면 유머로 소통하게 되면 상대방과 쉽게 같은 편이 됩니다. 바꿔말하면 유머를 통해 자연스럽게 상대방을 설득하게 되는 것입니다.

최근 일본의 젊은 여성을 대상으로 배우자의 조건을 설문조사한 것이있는데, 그전과는 달리 아주 많은 여성들이 유머가 있는 남자를 손꼽았습니다. 부부생활에서도 유머가 있다면 항상 화목하고 화기애애한 가정을이루어 나갈 수 있다고 생각하는 것입니다. 거듭 말하지만 소통은 좋은 인간관계를 형성하는 핵심입니다. 그 윤활유 역할을 하는 것이 유머라고 할수 있습니다.

무죄 제조기
이재만 변호사

위기는 반드시 신호를 보낸다

위기에 부딪치고 크고 작은 문제들로 갈등하기에 앞서, 자신에게 나타나는 위기의 신호를 파악하는 것이 더 중요합니다. 위기는 반드시 신호를 나타냅니다. 그 신호만 제대로 파악한다면 우리는 얼마든지 위기를 미리 막을 수 있습니다. 또한 위기를 맞게 되더라도 좌절하지 말고, 꿋꿋이 맞서서 위기의 내용을 철저히 분석한다면 얼마든지 해결 방안을 찾아낼 수 있습니다.

위기는 신호를 보낸다

무죄 제조기 **이재만** 변호사

무죄 제조기 이재만 변호사는 봄날의 오후 같은 심성을 가진 분입니다. 늘 따뜻하게 타인을 배려합니다. 인간이기에 가질 수밖에 없는 약한 부분을 따뜻하게 어루만지고, 대변해 주는 그야말로 타고난 변호사입니다.

피의자가 구속되고 1심 재판에서 유죄 판결이 난 형사 사건의 경우, 2심에서 무죄로 뒤집힐 확률은 1만 건 중에서 1건이라고 합니다. 확률로 따지면 0.01%입니다. 이재만 변호사는 이처럼 확률이 거의 없는 1심 유죄를 2심 무죄로 바꾼 기록을 여러 차례 갈아치우며 '무죄 제조기'라는 별명으로 잘 알려진 인물입니다.

특히 이 변호사는 수많은 연예인들의 소송사건을 맡아 거의 모두 무죄를 이끌어냄으로써 더욱 유명해졌습니다. 이를테면 개그맨 출신 사업가 주병진의 강간치상사건의 변호를 맡아 무죄 판결을 받아냈으며, 가수 편승엽 – 길은정 사건, 구창모 폭행 사건, 개그맨 권영찬의 강간치상사건을 무죄로 이끌어냈습니다.

그뿐이 아닙니다. 엄앵란, 송일국, 조PD, 김중만, 주지훈, 양희은, 이봉원, 장은영, 편승엽, 이인혜 등 인기 연예인들과 유명인들의 소송을 맡고 법적 자문을 해오고 있습니다. 또한 파란만장과 우여곡절을 겪으며 성공한 변호사로서, 한국경제 TV의 〈성공스토리 만남〉을 진행하고 있으며, '법무법인 청파'의 대표 변호사이기도 합니다.

이재만은 지금은 각광받는 유명한 변호사로 맹활약을 펼치며 수많은 국가 기관, 사회 단체, 법률 단체의 고문, 자문, 대표직을 맡고 있지만, 사실 오랫동안 그의 인생은 위기의 연속이었습니다.

대학 입시 3수 끝에 연세대 정외과에 들어가, 재학 중에 행정고시에 도전했으나 세 번이나 낙방했습니다. 행정대학원을 마치고 뒤늦게 27세에 군에 입대했습니다. 다른 병사들보다 5~6세가 많았습니다. 30세에 만기 제대하고 다시 행정고시를 준비하다가 33세에 사법고시로 바꿨습니다. 그리고 6년 만인 39세에 사법고시에 합격했습니다. 동기생보다 무려 12년이나 늦게 고시를 패스한 것입니다.

그는 고시 공부를 하면서 고시생들을 가르치는 아르바이트를 했는데, 자신이 가르친 고시생은 합격하고 자신은 떨어지는 경우가 빈번했습니다. 당시 이 변호사의 별명은 '바윗돌'이었습니다. 한 번 책상 앞에 앉으면 좀처럼 일어나지 않고 바윗돌처럼 의자에 붙어 있다고 해서 붙여진 별명입니다. 그는 41세에 결혼해 그다음 해 아들을 낳았는데, 당시 일찍 결혼한 고등학교 동창생은 그 해 외손자를 봤다고 했습니다.

사법고시 공부를 하면서 자신이 가르친 학생은 패스하고 자신은 낙방하는 괴로운 상황 속에서도 그는 결코 포기하지 않고 끝까지 버텨냈습니다. 수없이 찾아온 갖가지 위기와 좌절감을 꿋꿋하게 관리해 나간 것입니다.

앞서 밝혔듯이 이 변호사는 확률 0.01%의 기적 같은 무죄 판결을 수없이 이루어냈습니다. 무슨 특별한 비결이 있는 것은 아닐까? 그는 이렇게 말했습니다.

"사건의 실체적 진실은 당사자밖에 모릅니다. 나머지는 정황을 보고 '숨은 그림 찾기' 하듯 맞춰야 합니다. 퍼즐을 빨리 맞추는 사람이 있잖아요? 그 차이라고 보면 됩니다."

그는 해결의 실마리, 해답은 기록에 나와 있다고 말합니다. 그의 무죄 제조기 변론에는 9가지 원칙이 있습니다.

1. 죄 있는 사람은 죄만큼 형량을 받게 하고, 죄 없는 사람은 벌을 받지 않게 한다.
2. 법은 약자의 편도 강자의 편도 아닌, 공평하고 공정해야 한다.
3. 실체적 진실을 파악하려고 노력한다.
4. 선입견으로 유무죄 심증을 예단하지 않는다.
5. 1심 기록을 심층 분석해서 유리한 자료와 불리한 자료를 구별한다.
6. 불리한 것은 현장 조사와 주변 사람을 탐문해서 증거를 찾아낸다.
7. 조사와 탐문을 통해 불리한 증거를 하나씩 제거한다.
8. 기록 안에 답이 있지만 수사 기록만 갖고 재판하면 패소한다. 불리

한 증거를 현장에서 찾아내어 입증한다.

9. 조작된 증거에 검찰이나 법원이 속을 수 있으므로 충분한 자료를 갖추어 검찰과 맞서고 법원을 설득한다.

그는 일상생활에서도 삼인성호三人成虎를 기억하라고 말합니다. 삼인성호는 세 사람이면 없던 호랑이도 만든다는 의미로, 거짓말이라도 여러 사람이 함께 주장하면 그것을 사실로 믿기 쉽다는 뜻입니다.

'삼인성호'의 유래는 이러합니다.

고대 중국 전국시대 위나라 방총이 태자를 모시고 조나라의 인질이 되어 한단으로 가면서 자기가 없는 동안 왕의 관심이 자신에게서 멀어질 것을 염려하며 혜왕에게 물었습니다.

"어떤 사람이 시장에 호랑이가 나타났다고 하면 왕께서는 믿으시겠습니까?"

"그 말을 누가 믿겠나?"

"그러면 두 사람이 와서 같은 말을 하면 믿으시겠습니까?"

"반신반의하겠지."

"그렇다면 세 사람이 와서 같은 말을 한다면 어떻게 하시겠습니까?"

"그러면 호랑이가 나타났다는 말을 믿을 수 있을 것 같네."

그러자 방총이 왕에게 아뢰었습니다.

"시장에는 분명히 호랑이가 없습니다. 하지만 세 사람이 같은 말을 하면 호랑이가 나타난 것이 됩니다. 저는 지금 태자를 모시고 멀리 한단으로 떠납니다. 제가 떠난 뒤에 저에 대해 왈가왈부하는 사람이 셋만은 아닐 것입니다. 아무쪼록 귀담아듣지 마십시오."

"내가 직접 확인한 것이 아니면 믿지 않을 테니 아무 걱정 마시오."

그러나 방총이 출발하고 조나라의 한단에 도착하기도 전에 그가 걱정하던 대로 왕에게 방총을 비난하는 상소가 쏟아져 들어왔습니다. 혜왕은 약속과는 달리 방총을 의심하게 되었습니다. 몇 년 뒤 태자는 인질에서 풀려 귀국했지만, 방총은 그가 예견한 대로 왕을 만날 수 없는 신세가 되고 말았습니다. '삼인성호'는 이러한 고사에서 유래한 것입니다.

법적 사건도 마찬가지입니다. 세 사람이 입을 맞추면 한 사람을 범죄자로 조작해낼 수 있습니다. 무고 사건이나 사기 사건의 가해자들은 말을 수시로 비꾸고 문서를 조작하는가 하면, 심지어 돈으로 증인을 포섭해서 억울한 피해자를 만들어냅니다. 큰 이권을 둘러싼 사건일수록 매우 치밀하고 지능적이며 조직적인 범죄가 구성되는 경우가 아주 많습니다.

예를 들면 개그맨 주병진, 권영찬의 강간치상사건은 우리의 달라진 사회상을 단적으로 보여주는 경우라고 할 수 있습니다. 사건을 담당했던 이재만 변호사는 이렇게 말했습니다.

"두 사건은 조작된 것입니다. 그동안 사회 통념상 여자가 '강간당했다'고 하면 그 말을 거의 그대로 믿었습니다. 여자가 수치심을 무릅쓰고 자기 인생을 걸어 강간당한 사실을 밝히고, 고소할 정도면 그 사실에 신빙성이 있다고 봤죠. 하지만 지금은 달라졌습니다. 누구든 마음먹고 덤벼들면 내 가족도 피해를 당할 수 있습니다. 우선 주병진이나 권영찬 두 사람이 술을 마시고 방심한 것이 문제였습니다. 연예인, 연예인 사업가 아닙니까? 언론 보도에 민감하게 반응할 수밖에 없는 사람들을 노리는 이른바 '꽃뱀'들이 있습니다. 아주 조심해야 합니다."

그러면서 계속해서 술에 취한 남자를 대상으로 여성이 정교하게 거짓말을 하면 진실을 밝혀내기 어렵다는 것입니다. 하지만 아무리 정교하게 거짓말을 꾸며도 진실이 아닌 것은 반드시 허점이 있기 마련인데, 그 허점을 찾아내서 밝히면 억울한 누명에서 벗어날 수 있지만, 만일 허점을 못 찾아내면 고스란히 죄를 뒤집어쓸 수밖에 없다고 했습니다.

참고로 주병진 사건을 다시 한 번 들여다보겠습니다.

이 사건은 여성이 하이야트 호텔 가라오케에서 술을 마시고 집에 가려는데, 주병진이 데려다 주겠다며 호텔 주차장에 있는 승용차로 데리고 가서 강제로 뒷좌석에 밀어 넣고, 저항하려는 자신을 폭행한 후, 강간했다고 주장하면서 시작됐습니다.

강간을 당했다는 상대 여성의 주장에 주병진은 끝까지 사실이 아니라며 맞섰습니다. 그러면서 주병진은 이 사건이 확대되면 자신의 이미지에 치명상을 입을 것이라는 두려움과 순수한 생각에서 상대 여성에게 합의금을 주었습니다. 그런데 합의금을 준 사실이 오히려 불리하게 작용해서 1심 재판부는 강간치상에 대한 합의금이 강간치상 사실을 인정한 것으로 간주, 주병진에게 징역 2년 6개월, 집행유에 4년을 선고했습니다.

주병진은 항소했으며 이재만 변호사가 이 사건을 맡게 됐습니다. 이 변호사는 사건 내용을 분석하는 과정에서 다음과 같은 중요한 사실들을 찾아냈습니다.

1. 상대 여성이 순진한 대학생이 아니라, 술집 종업원으로 술집에 종사하고 있다. 이 변호사는 연예인 이휘재, 이성미, 김자옥 등과 함께 상대 여성을 잠복, 추적하였고, 여성이 룸살롱에서 이휘재와 마주치게 되면서 진실은 밝혀졌다.
2. 당시 상황을 재현해본 결과, 승용차 뒷좌석에서는 강간이 힘들다.
3. 강간을 당했음에도 불구하고 옷이 찢어지지 않는 등 멀쩡했다.
4. 룸살롱 주인의 결정적인 증언을 이끌어냈다. 룸살롱 주인은 자신도 그녀의 동생에게 비슷한 방법에 의해 강간범으로 몰렸다가 누명을 벗은 적이 있다고 증언했다.
5. 피해 여성이 친구를 시켜 자신의 얼굴을 때리도록 해서 상처를 조작했고, 이 대가로 친구에게 2천만 원을 지불했다는 증언을 확보했다.
6. 주병진에게 받은 합의금 2억 원을 법정 증인으로 출두한 친구들과 분배해 이탈리아 명품 여행을 하며 탕진한 것을 확인했다.

성폭행 혐의 등으로 구속 기소되었다가 대법원에서 무죄 확정 판결을 받은 주병진은 사건을 조작해서 자신을 고소했던 여성과 그녀의 고소 내용을 근거로 확인 절차를 거치지 않고 일방적으로 보도했던 언론사에 소송을 제기하여 1억 9천만 원의 배상판결을 받았습니다.

또한 거꾸로 주병진에게 고소당한 상대 여성은 위증죄로 실형 6개월을 선고받았으며, 그와 함께 무고죄로 고소되어 수사를 받게 되자, 해외로 도주해 지명 수배를 받게 됐습니다. 이 사건은 악질적인 여성이 친구들과 짜고 유명 연예인을 한순간에 범죄자로 만들어 돈을 뜯어내려 한 전형적인 꽃뱀 사건이었습니다.

다음 이재만 변호사가 맡았던 개그맨 권영찬 사건은 어떠한가요? 이 사건은 남녀 두 사람이 합의에 의해 호텔에 투숙했더라도 나중에 여자가 피해를 당했다고 말을 바꾸면 졸지에 범죄가 될 수 있는 사건이었습니다. 권영찬 사건에 연루된 A양은 21세로 PC방 아르바이트생이었습니다. 사건 전날 A양이 권영찬에게 심심하다고 전화를 걸어 만나게 되었습니다.

그들은 다른 사람들과 합류해서 3차에 걸쳐 10시간 동안 술을 마시고 다음날 새벽 5시 30분경 권영찬과 A양이 함께 호텔에 투숙했습니다. 하지만 술에 너무 취해 성관계는 갖지 못했다고 권영찬은 주장했습니다.

그런데 A양의 말은 달랐습니다. "처녀인 자신이 5차례 강간을 당했다."며 경찰에 신고했고 권영찬은 강간치상혐의로 구속되어 2년 6개월 실형을 선고받았습니다.

2심을 맡은 이재만 변호사는 사건이 일어난 새벽 5시 30분에 두 사람이 투숙한 호텔을 세 차례나 방문하고 탐문 수사를 통해 다음과 같은 여러 사실들을 밝혀냈습니다.

1. A양이 자신은 숫처녀이며 사건 당일 4시간 동안 5차례나 강간을 당하여 울부짖었다고 했지만, 5차례나 강간을 당하면서 필사적으로 저항한 사람에게 나타날 수 있는 상처가 전혀 없었다. 바지나 팬티는 전혀 찢어지지 않았으며, 5차례 강간을 당해 처녀성을 잃었다고 하면서도 '걷기 힘들다'는 등의 진술이 없었다.

2. 권영찬은 사건 당일 오전 9시경, A양과 함께 호텔을 나와 집까지 데려다 주었는데 그사이에 A양은 누구에게도 구조 요청을 하지 않았다.

3. A양은 그날 오후 2시부터 5차례에 걸쳐 휴대폰에 경쾌한 댄스 음악을 다운받았다. 강간당한 사람이 댄스 음악을 다운받는 것은 상식적으로 납득이 가지 않는다고 하자, 기분 전환을 위해서였다고 했다.

4. A양은 그날 외출을 하지 않았다고 했으나 그날 오후에 남대문과 동대문 시장에서 쇼핑하고 카드로 결제한 사실이 밝혀졌다.

5. 게다가 사건 이후 A양은 자신의 미니 홈페이지에 권영찬 일행과 술 마시는 사진을 올려놓고 "너무너무 재미있었다."는 글을 남겼다.

153

이렇게 이재만 변호사가 밝혀낸 정황들이 재판부를 움직여 권영찬은 2심에서 무죄를 선고받았습니다. 이 변호사는,

"무죄가 밝혀져도 이미 상처가 너무 깊어서 정상적인 생활을 하기가 어렵습니다. 함정 속에 꽂아 놓은 죽창에 온몸이 찔려 만신창이가 돼서 나오기 때문이죠. 널리 알려진 사람일수록 더 큰 상처를 얻게 됩니다."

아울러 이재만 변호사가 제시하는 함정에 빠지지 않는 방법은 이렇습니다.

1. 미끼에 걸리지 않도록 조심하라.
2. 평소에 주변을 잘 관리하라.
3. 철저하게 리스크를 관리하라.

이 변호사는 특히 평소에 위기 관리를 잘해야 한다고 지적했습니다. 우리는 삶의 과정에서 맞이하는 갖가지 위기와 크고 작은 문제들로 인해서 좌절하고 절망하고 현실에 굴복하며 꿈을 포기하는 경우가 많습니다. 그러나 현실이 주는 위기와 문제들을 치밀하게 분석하다 보면 바람직한 해결 방안을 찾아낼 수 있습니다. 우리는 그것을 이 변호사의 사건 해결 방법을 통해 잘 알게 되었을 것입니다.

하지만 위기에 부딪치고 크고 작은 문제들로 갈등하기에 앞서, 자신에게 나타나는 위기의 신호를 파악하는 것이 더 중요합니다. 위기는 반드시 신호를 나타냅니다. 그 신호만 제대로 파악한다면 우리는 얼마든

지 위기를 미리 막을 수 있습니다. 또한 위기를 맞게 되더라도 좌절하지 말고, 꿋꿋이 맞서서 위기의 내용을 보다 철저히 분석한다면 얼마든지 해결 방안을 찾아낼 수 있음을 이재만 변호사를 통해 배울 수 있습니다.

위기가 보내는 신호를 읽어라

모든 위기는 발생하기 전에 신호를 보냅니다. 위기가 보내는 신호를 파악하고 대응한다면 위기는 피할 수 있습니다. 한 단계 더 나가면 오히려 위기를 기회로 만들 수 있습니다.

'위기'는 한자로 위기危機입니다. 위험하다는 위危와 기회를 뜻하는 기機로써 이루어진 낱말입니다. 다시 말하면 위기와 기회는 하나일 수 있고 함께 할 수 있다는 뜻입니다. 문제는 위기가 보내는 신호를 읽을 수 있느냐, 읽지 못하느냐의 차이입니다. 다음의 사례가 그것을 잘 입증해 줍니다.

워싱턴의 포토맥 강변에 미국 3대 대통령이었던 토마스 제퍼슨을 기리는 기념관이 있습니다. 언제부턴가 이 기념관 벽의 외관이 심각하게 훼손되기 시작했습니다. 시간이 지날수록 문제가 더욱 심각해지자 기념관 관장은 관리자에게 그 원인이 무엇인지 파악하도록 지시했습니다.

조사 결과 기념관 외벽에 묻어 있는 비둘기의 배설물을 제거하기 위해 독성이 강한 세제를 사용했던 것이 원인이었습니다. 관리자는 비둘기가 많이 날아들지 못하도록 관광객들이 비둘기에게 모이를 주는 것을 금지시켰습니다. 하지만 그래도 비둘기들이 계속해서 몰려들었습니다.

좀처럼 해결책을 찾지 못하던 관리자는 외부 컨설팅 회사에 이 문제를 해결해 달라고 의뢰했고, 컨설팅 회사는 체계적인 조사를 실시했습니다. 그리고 얼마 지나지 않아서 원인을 밝혀냈습니다. 제퍼슨 기념관에 많은 비둘기가 날아드는 것은 기념관 외벽에 서식하는 거미 때문이었습니다. 그 거미들을 잡아먹으려고 비둘기들이 모여든 것이었습니다.

그에 따라 관리자는 거미를 박멸하기 위해 온갖 수단과 방법을 동원했지만 어찌된 일인지 좀처럼 효과가 없었습니다. 그래서 다시 머리를 싸매고 원인을 추적했습니다. 그 결과, 밤마다 숲에서 떼 지어 날아오는 나방들 때문에 그것을 먹이로 하는 거미가 사라지지 않는 것이었습니다. 그야말로 먹이사슬이 원인이었습니다.

그렇다면 나방들은 왜 제퍼슨 기념관으로 날아들었을까요? 그것은 한밤중에도 기념관에 대낮처럼 밝혀놓은 전등 때문이었습니다. 더욱이 이 기념관은 주변의 건물들보다 2시간이나 먼저 점등했으니 나방들이 날아들기에 더없이 좋은 조건이있습니다.

컨설팅 회사의 해결책은 의외로 간단했습니다. 조명등 점등 시간을 주변 건물보다 한 시간 늦추라는 것이었습니다. 그것으로 문제는 말끔하게 해결되었습니다. 주변 건물보다 한 시간 늦게 조명등을 켰더니 나방들이 다른 곳으로 날아갔고, 나방이 안 오니까 거미가 사라졌고, 거미가 없어지니 비둘기도 없어졌고, 비둘기가 없으니 배설물도 없어졌으며 배설물이 없으니 독성 세제를 사용하지 않아도 되었던 것입니다. 그에 따라 건물도 훼손되지 않았고, 인건비를 비롯한 경비도 크게 줄일 수 있었습니다.

제퍼슨 기념관의 문제 해결 역시 신호를 파악하는 능력의 문제라고 할 수 있습니다. 모든 문제는 발생하기 전에 신호를 보내기 때문에 이 신호를 파악하고 대응할 수 있다면 위기는 얼마든지 피할 수 있을 뿐 아니라, 오히려 위기를 새로운 기회로 만들 수 있다는 것입니다.

기업도 마찬가지입니다. 위기가 보내는 신호를 읽지 못해서 쓰러지는 기업들이 많습니다. 『초우량 기업의 조건』을 쓴 톰 피터스는 자신의 책에서 초우량 기업으로 지목했던 43개 기업 가운데 약 70%가 망하거나 별 볼일 없는 회사로 전락하는 데 불과 5년밖에 걸리지 않았다고 설명하며, '초우량 기업은 애초부터 존재하지 않는다'는 극단적인 주장까지 하고 있습니다. 또한 초우량 기업이 있더라도 그 존속 기간이 시대의 변화에 따라 점점 짧아지고 있다는 것을 다른 항목에서 이미 설명했습니다.

톰 피터스는 그 원인을 세 가지 이유로 분석하고 있다는 것도 이미 소개했습니다. 다시 한 번 살펴보면,

1. 활동성 타성으로 변화에 대응하지 못하기 때문입니다.

2. 경영상의 오류 때문입니다.

3. 혁신 사이클이 너무 짧아졌기 때문입니다.

그 가운데서도 가장 중요한 요인은 짧아진 혁신 사이클입니다. 혁신은 산업 내의 긴장과 역동성을 창출하고, 이것은 다시 시장 주도 기업이 뒤바뀌는 변화를 야기합니다. 그러나 갈수록 혁신 사이클이 짧아지면서 의사 결정의 리스크도 더 커집니다. 이런 상황이 되면 아무리 초우량 기업이라 하더라도 스스로 혁신의 속도를 조절하거나 변화의 방향을 바꾸기는 불가능합니다.

휴대폰 시장에서 세계 1위를 차지했던 '노키아'가 순식간에 무너진 것도, 필름 시장의 최대 기업이었던 '코닥'이 무너진 것도 모두 그런 이유 때문입니다. 잘나가고 있다는 타성에 젖어서 시장이 보내는 변화의 신호를 중요시하지 않았기 때문입니다. 결국 위기가 보내는 신호를 읽느냐, 못 읽느냐에 기업의 미래가 달려 있는 것입니다.

이재만 변호사는 사건 변론 과정에서 사건이 주는 신호를 읽는 데 집중합니다. 아무리 미세한 신호라도 그 신호가 보내는 메시지를 명확하게 읽고 추적하다 보면 판결을 뒤바꿀 매우 중대한 문제를 발견하게 됩니다. 남들이 보지 못한 부분을 봤고, 그 시그널이 보내는 메시지를 파악했기 때문에 0.01% 확률의 무죄를 받아내는 '무죄 제조기'가 될 수 있었던 것입니다. '숨은 그림 찾기'와 '퍼즐 맞추기 게임'에서 미세한 신호를 찾아내면 게임에서 이기고 찾아내지 못하면 지는 것입니다.

우리는 이런 생각을 할 수 있습니다.

"나는 기업하는 사람도 아니고, 유명 연예인도 아니기 때문에 억울하게 소송에서 당하는 일은 없을 거야."

하는 생각 말입니다. 하지만 그런 생각은 매우 위험한 생각입니다. 어느 누구도 소송으로부터 자유롭지 못합니다. 물론 아무 잘못 없이 고소나 고발을 당했다면 억울해서 펄쩍 뛰겠지만, 자신에게 그런 일이 절대 없을 것이라는 보장은 없습니다.

몇 가지 예를 들어보겠습니다.

인터넷에서 악성 댓글을 달면 처벌을 받을 수 있을까요? 그렇습니다. 처벌받습니다. 대부분 처벌받는다는 것까지는 알고 있지만, 그 심각성은 잘

모릅니다. 법 규정은 이렇습니다.

"사람을 비방할 목적으로 공공연하게 거짓의 사실을 드러내어 다른 사람의 명예를 훼손한 경우, 7년 이하의 징역, 5천만 원 이하의 벌금에 처한다."

"7년 전에 빌린 만화책을 반납하지 않았으므로 책값과 연체료로 100만 원을 갚으라."

이런 통지서를 받았다면 어떻게 해야 할까요? 있을 수 없는 일이라고 펄쩍 뛸 만합니다. 그러나 실제로 있었던 사건으로 그와 같은 판결이 내려졌습니다.

혹시 당신의 자녀가 119에 장난 전화를 걸었다면 어떤 처벌을 받을까요? 화재 또는 구조, 구급이 필요한 사항을 허위로 알린 자는 과태료 200만 원을 부과받습니다. 남의 편지를 함부로 개봉했다면? 봉함된 남의 편지를 개봉하면 징역 3년 이하, 500만 원 이하의 벌금을 내야 합니다.

이처럼 아주 사소하게 여기기 쉽고, 생활 속에서 간과하기 쉬운 대수롭지 않은 일들 중에 법을 위반하는 것들이 많습니다. 때문에 누구도 고소나 고발 등으로부터 자유로울 수 없는 것입니다. 그러한 일들이 법적인 문제로 확대되면 매우 심각한 현실에 처할 수 있습니다.

우리나라의 고소, 고발은 매년 약 60만 건이나 됩니다. 그 가운데 약 60%는 불기소 처리됩니다. 명예롭지 못하게도 우리나라는 고소 공화국입니다. 우리는 '사촌이 땅을 사면 배가 아프다'는 속담이 맞는 나라입니다. 상대적인 평가에 무척 예민합니다. 누군가 잘되면 트집을 잡으려고 눈에 불을 켭니다. 남에 대한 불신감도 유난히 큽니다. 일본과 비교해 보면 놀랄 만합니다.

1년 기준으로 거짓 증언을 해서 위증죄로 기소되는 사람이 일본은 9명입니다. 그러나 우리나라는 1,544명입니다. 무려 171배나 높습니다. 무고죄로 고소되는 사람, 즉 아니면 말고 식으로 찔러보는 사람들이 일본은 1년에 10명, 우리나라는 2,171명으로 무려 217배나 높습니다. 일본의 인구가 우리나라의 2.6배라는 사실과 비교하면 더욱 놀랍고 부끄러운 일입니다.

왜 이런 일이 일어날까요? 몇 가지 원인이 있습니다.

1. 6·25 한국전쟁 등 수많은 외침으로 서로의 불신이 강하다.
2. 압축된 경제 성장으로 일부 층을 제외한 사람들의 소외 의식 때문이다.
3. 권위주의적 근대화를 겪으면서 불신이 생존을 위한 불가피한 선택이었기 때문이다.

우리가 위기에 노출되지 않으면 더 바랄 것이 없겠지만 워낙 복잡하고 더구나 예상하기 어려운 문제가 자주 터지는 치명적인 현실을 감안하면 평소에 더욱 위기를 잘 관리해야 합니다. 항상 위기가 보내는 신호를 감지하고 적극 대응해야 합니다. 그리하여 그것을 오히려 기회로 이용할 수 있어야 합니다.

Part 3

도전 ─ 다시 시작하라

가천대학교 총장, 가천길재단 **이길여** 회장

미애부화장품 **백인자** 대표

재즈가수 **윤희정**

윌테크놀러지 **김용균** 대표

가천대학교 총장, 가천길재단
이길여 회장

이길여 회장이 제안하는 꿈을 이루는 4가지 방법

1. 하루에 4시간 이상 잠자지 마라.
2. 주어진 시간에 최대한 집중하고 몰입하라.
3. 뚜렷하고 분명한 자기만의 목표를 세워라.
4. 자신이 그리는 확실한 인생의 꿈을 가져라.

기적을 만든 헌신

가천대학교 총장, 가천길재단 **이길여** 회장

가천 이길여 회장을 처음 만난 것은 〈MBC 희망특강 파랑새〉 프로에서 주인 공으로 선정돼서 인터뷰하면서였습니다. 인터뷰하면서 깜짝 놀랐습니다. 피 부 30대, 목소리 40대로 느껴졌습니다. 인터뷰 예상 시간이 30분이었지만, 무려 1시간 30분을 넘겼어요. 그때까지 카랑카랑한 목소리와 자세가 조금도 변하지 않고 열변을 토하는 겁니다. 수많은 성공한 인물들을 만나왔지만, 지 금까지 필자가 만난 인물 중에 열정이 가장 많은 인물은 이길여 회장이었습 니다. 그래서 필자가 〈가천 이길여 경영 철학〉을 1년간 연구한 적도 있을 정 도로 연구할 면이 많은 주인공입니다.

이길여 회장은 워낙 사회 활동을 많이 하는 분이어서 직함도 회장, 이 사장, 총장, 대표, 박사 등 무척 많습니다. 여기서는 편의상 회장으로 사 용하겠습니다.

먼저 이길여 회장의 공식적인 프로필부터 간단히 살펴보겠습니다.

이길여 회장은 서울대학교 의과 대학을 졸업한 후 뉴욕의 메리 이머 큘리트 병원과 퀸스 종합 병원에서 수련의 과정을 마치고 일본의 니혼 대학교日本大學校에서 의학박사학위를 받았습니다.

1958년 '이길여 산부인과'를 개원했습니다. 당시는 6 · 25 한국전쟁을 겪고 국민들의 생활이 궁핍하기 그지없을 때였습니다. 의료 보험 따위 는 개념조차 없었습니다. 그는 의료 혜택에서 소외된 어려운 사람들을 위해 과감하게 무료 진료를 실시했습니다. 그뿐 아니라, 병원 보증금을 없애 병원의 문턱을 크게 낮췄습니다. 당시 병원에서 수술을 받거나 입원하려면 보증금을 내야 했는데 그것을 감당하기 어려운 환자들에게는 큰 부담을 안겨 주기 때문에 보증금을 없앤 것입니다.

1978년에는 여의사 최초로 의료 법인을 설립하고 환자 중심의 병원 전문화를 개척했습니다. 또한 인천에 종합 병원인 '길병원'을 설립하고, 1998년에는 의료계 인재 양성을 위해 가천의과대학교를 설립했습니다. 그의 인생 목표는 오직 헌신이었습니다. 독신 여성으로 결혼도 하지 않고 오직 헌신의 외길을 평생 동안 걷고 있습니다.

오늘날에도 가천문화재단, 가천박물관, 새생명찾아주기운동본부, 가천미추홀청소년봉사단 등 문화, 교육, 사회 봉사 단체들을 운영하며 헌신의 삶을 멈추지 않고 있습니다. 한국여의사회 회장, 유엔여성대회 정부 대표, 서울의대 동창회장, 의사협회 100주년위원회 위원장 등을 역임했으며, 현재 가천대 길병원 이사장, 가천대학교 총장, 경인일보 회장, 한센국제협력위원회 회장 등의 수많은 직책을 맡고 있으며, 국내 최대의 공익재단인 '가천길재단'을 이끌고 있습니다.

2003년에는 민간인으로서는 최고인 국민훈장 무궁화장을 받았습니다. 인재 양성을 위해 1998년 가천의과학대학교를 설립하였으며, 경원대학을 인수했습니다. 2012년에는 두 대학교를 통합해서 학생 수 기준으로 수도권 3위의 규모인 '가천대학교'를 출범시켰습니다.

사재를 포함한 1천 6백억 원을 투입해서 뇌과학 연구소와 이길여 암

당뇨연구원을 설립하는 등 기초 의과학 발전에 심혈을 기울여 2009년 정부로부터 최고 등급인 과학기술훈장 창조장을 받았습니다,

필자가 〈MBC 희망특강 파랑새〉에서 만난 이길여 회장의 첫인상은 '상어'였습니다.

상어라고 하면 바다의 무법자, 사나운 포식자를 떠올리기 쉽지만 그런 의미가 아닙니다. 날렵하고 역동적으로 움직임을 멈추지 않는 예쁜 상어였습니다. 상어는 한순간도 헤엄치기를 멈추지 않습니다. 그 까닭은 바다에 사는 수많은 물고기 가운데 오직 상어만 부레가 없기 때문이라고 합니다.

잘 알다시피 부레는 물고기가 물에 뜨게 하는 역할을 합니다. 부레가 없으면 물고기는 가라앉기 때문에 잠시라도 헤엄치기를 멈추면 죽게 됩니다. 따라서 상어는 태어나면서부터 쉬지 않고 움직여야만 하고, 그러한 역동성으로 마침내 바다동물 가운데 가장 힘이 센 최강자가 되었다고 합니다.

이길여 회장은 하루에 4시간 이상 잠을 자본 적이 없다고 합니다. 또한 상어처럼 자신의 꿈을 향해 단 한 순간도 도전을 멈춘 적이 없습니다. 오늘날의 이길여는 그렇게 만들어진 것입니다.

자신의 꿈인 참다운 의사의 길을 걷기 위해 결혼도 포기했으며, 우리나라 건국 이래 자수성가한 최고의 여성 CEO가 되었고, 재벌그룹은 물론, 국가도 하기 어려운 난치성 질환 치료 사업에 수천억 원을 투자하고 있는 이길여 회장의 성공 키워드는 무엇일까요?

그것은 뜻밖에도 아주 단순합니다. 즉 '헌신'입니다. 자신의 꿈을 위해 자신의 몸과 마음을 모두 던져 헌신했기 때문에 그녀는 성공할 수 있었습니다.

물론 헌신에는 여러 가지가 있습니다. 자신을 위해 몸을 던지는 것도 헌신이며, 국가와 민족을 위해서 또 남을 위해 몸을 던지는 것도 헌신이며 남을 위해 베푸는 것도 헌신입니다. 이길여 회장의 성공과 기적을 만든 헌신을 네 가지로 나눠 생각해 볼 수 있습니다.

첫째, '꿈을 위한 헌신'입니다.

이 회장은 자신이 세운 목표에 몰입하게 되면 아무것도 보이지 않는다고 했습니다. 그 정도로 자신의 모든 것을 바쳐 헌신하는 것입니다. 그래서 이 회장은 스스로 '미쳤다'라고 표현합니다.

의대생 시절, 자취를 했는데 방학을 맞아 고향에 갈 때 그녀가 들고 다니는 가방에서 시체 썩는 냄새가 났다고 합니다. 가방에 인체의 뼈를 넣고 다니기 때문이었습니다. 뼈의 갖가지 부위에 대해서 일일이 외워야 하니까 아예 가방에 사람의 뼈를 넣고 다니며 외울 정도로 몰입한 것입니다. 그것이야말로 자신의 목표를 향해 몸을 던지는 헌신이 아닐 수 없습니다.

이 회장이 자신의 전 재산을 털어 당시 허허벌판이었던 인천 구월동에 민간인 최초로 종합병원인 '길병원'을 설립하려고 할 때 주변에서 모두 말렸습니다. 그 외진 곳에서 무모한 짓이라고 했습니다. 하지만 이 회장이 강행하자 모두 "이길여 원장이 곧 망할 것"이라고 걱정했습니다. 그러나 이 회장의 판단은 적중했습니다. 지금은 그 허허벌판의 땅이었던 곳이 인천의 중심지가 되었습니다. 이 회장은 자신의 꿈인 '의사'에 헌신했습니다. 참다운 의사, 의술을 베푸는 의사가 되기 위해 몸을 던진 것입니다.

아프리카 초원의 초식동물들은 늘 포식동물들에게 쫓기는 처지입니다. 얼핏 보면 몹시 불공평합니다. 하지만 사자, 표범, 치타 같은 포식동물들은 500미터 이상 질주하지 못합니다. 달릴수록 체온이 급상승해서 목숨이 위험해지기 때문입니다.

그러면 포식동물과 그들의 먹이가 되는 초식동물은 어느 쪽이 더 평균 생존율이 높을까요? 포식동물은 20%, 초식동물은 40%라고 합니다. 500미터 추격전에서 쫓기는 초식동물이 생존할 확률이 두 배나 더 높은 것입니다. 왜 그럴까요? 초식동물은 잡히면 죽게 되므로 목숨을 걸고 달리기 때문입니다. 이길여 회장이야말로 그러한 초식동물처럼 자신의 목표 달성을 향해 온몸을 던져 목숨을 걸고 달린 것입니다.

둘째, '환자를 위한 헌신'입니다.

이 회장은 의사로서 자신의 모든 것을 걸고 환자에게 헌신했습니다. 앞서 말했듯이 이 회장이 개원을 했을 무렵, 생활이 어려운 환자들의 편의를 위해 무료 진료를 실시하고 입원 보증금을 없앴습니다. 이 회장은 그러한 헌신에 대해 이렇게 말했습니다.

"내 좌우명이 박애, 봉사, 애국입니다. 보증금도 못 낼 정도면 당연히 치료비도 없다는 얘긴데, 그럼 돈 없으면 병원도 못 가보고 죽으란 말인가? 그건 아닙니다. 돈 없는 사람도 진료를 받게 하자, 어차피 의료는 박애이고 봉사입니다."

이 회장의 병원에서 무료 진료를 받고 퇴원한 환자들 가운데 농부는 쌀, 콩 등을, 어부는 미역, 생선 등을 조용히 놓고 가서 병원 마당이 장터처럼 붐볐습니다. 이 회장과 병원은 그러한 농산물과 수산물로 국을 끓이고 밥을 해서 환자들에게 식사를 제공하고, 또 가난한 환자들이 퇴원할 때 싸주기까지 했습니다.

임산부가 출산할 때 산모가 힘을 주면 이 회장 역시 자기도 모르게 힘을 주었고, 산모가 고통스러워 울면 이 회장도 울었습니다. 다른 병원에서 의사들이 10명의 환자를 진료할 때, 이 회장은 100명을 진료했습니다. 수술과 진료가 밀려 하루 종일 굶고 일한 적이 한두 번이 아니었습니다. 너무 바빠 무려 10년 동안을 하루 한 끼씩만 먹고 생활할 정도로 환자에게 미쳤습니다. 업혀 들어온 환자가 걸어 나가는 모습을 볼 때가 가장 행복하다고 말했습니다.

여러 환자를 진료하면서 움직이는 시간을 줄이려고 의자에 바퀴를 달아 이동했고, 한꺼번에 환자 세 사람씩을 진료했습니다. 미국에서 수련의 생활을 마치고 귀국할 때 핑크빛 잠옷을 사 가지고 왔는데 잠옷을 입고 침대에서 편안히 잘 기회가 없어서 단 한 번도 제대로 입어보지 못했습니다.

이 회장은 마치 어떤 종교의 교주와 같았습니다. 왜냐하면 이 회장의 열성적이고 정성 어린 치료를 받은 환자들은 곧 그의 신자가 돼버리기 때문입니다. 그들은 이 회장이 운영하는 길병원의 홍보맨이 되어, 10명의 환자가 치료받고 나가면 100명의 환자를 데리고 왔습니다. 병원을 계속해서 확장해야만 했고, 확장할 때마다 더 많은 환자들로 넘쳐났습니다. 은행 대출을 받아 병원을 세우고 나면 빚을 갚는 데 5년밖에 안 걸렸습니다. 그래서 다시 대출받아 병원을 또 세우고…, 이런 식으로 여러 곳에 병원을 세울 수 있었습니다. 그만큼 의료 혜택을 받는 환자들도 크게 늘어났지요.

셋째, '사람을 위한 헌신'입니다.

이 회장은 의료인으로서 뇌과학 분야에 큰 관심을 가졌습니다. 첨단 뇌과학의 연구 발전이 절실하다는 것을 인식하고, 해외에서 활약하고 있는 뇌과학 분야의 세계적인 석학인 조장희 박사를 영입하려고 힘을 기울였습니다. 조 박사에게 최고의 대우를 할 테니 길병원에 와달라고 간청했지만 조 박사는 선뜻 응답을 하지 않았습니다.

그러나 이 회장은 포기하지 않았습니다. 끈질기고 진지하게 요청을 계속하니까 조 박사가 이 회장에게 "제 연구는 돈이 많이 드는데 가능하겠습니까?" 하고 물었습니다. 이 회장은 즉시 700억 원을 투입해서 뇌과학연구소를 지었습니다. 뿐만 아니라 또 다른 저명한 학자를 초빙할 때는 아예 그에게 백지 수표를 내밀었습니다. 그처럼 헌신적으로 힘들여

모은 세계적인 인재들에 의해 오늘날의 길병원 뇌과학 연구소가 탄생했습니다.

넷째, '미래에 대한 헌신'입니다.

일반적으로 어떤 투자를 할 때 누구나 투자와 대비해서 수익을 계산하고 투자하기 마련입니다. 이 회장이 재벌 그룹은 물론, 국가 기관도 하기 어려운 뇌, 암, 당뇨 등의 근원을 풀어내는 기초 의학에 수천억 원을 쏟아붓는 그 열정의 구심점은 결국 미래입니다. 난치성 질병을 극복하고 말겠다는 사람에 대한 사랑 때문에 수천억을 쏟아 부어 뛰어난 인재들로 하여금 최선의 연구를 할 수 있도록 한 것입니다.

이 회장의 가천의과대학교 뇌과학연구소 장비들을 둘러보면 저절로 입이 벌어집니다. 가령 인간의 뇌를 촬영해서 질병의 징후를 미리 파악하고 대비할 수 있도록 하는 장비만 해도 그렇습니다. 뇌를 촬영하는 7.0 테슬러의 초정밀 MRI로 세계 최초로 뇌 신경회로 지도를 만들었습니다. 이 지도는 세계 표준 뇌지도로 쓰인다고 합니다.

대학 병원에서는 보통 1.5 테슬러를 사용하고 있는데, 가천의과대학교 뇌과학연구소가 보유하고 있는 7.0 테슬러 MRI는 가천뇌과학연구소와 독일의 지멘스가 공동으로 개발하는 초정밀 장비라고 합니다. 예를 들어 가정에서 수도가 막혀 수돗물이 잘 안 나올 때 어디가 막혔는지, 어디가 터졌는지 정확히 알 수 없는 경우가 많습니다. 우리의 뇌도 마찬가지입니다.

뇌를 7.0 테슬러 MRI로 촬영하면 뇌의 어느 부분이 막혀 있고, 어느 부분이 막히거나 터질 위험성이 있는지 정확하게 알 수 있어서 각종 뇌 질환의 예방과 치료에 완벽하게 대응할 수 있는 것입니다. 가천의과대 학교 뇌과학연구소는 이 분야에서 세계 최고로 인정받고 있습니다. 이 회장의 미래에 대한 헌신의 결과라고 할 수 있습니다.

이길여 회장은 '박애, 봉사, 애국'이라는 좀 촌스러운 좌우명을 갖고 있습니다. 이 회장의 어머니와 관련이 있습니다. 지난 날, 우리가 무척 가난에 시달릴 때 어머니는 걸인이 찾아와 밥을 달라고 하면 어린 이 회 장에게 제대로 밥상을 차려서 식사를 대접하도록 가르쳤다고 합니다. 어머니는 길거리에서 헐벗은 걸인을 만나면 옷을 벗어주기도 했다는 것입니다.

그러면서 이 회장의 어머니는 "덕을 쌓으면 그것이 어디 가지 않고 사 식들에게 돌아온다."고 굳게 믿으셨습니다. 그래서 이 회장은 오늘날 자신이 잘 살게 된 계기가 모두 어머님 덕분이라고 말합니다.

또한 이 회장은 80 평생을 살아오면서 큰 시련이 없었다고 말합니다. 수없이 큰일을 해내면서 오직 헌신의 외길을 걷는 과정에서 어떻게 시 련이 없었을까요? 이유는 간단합니다. 이 회장은 시련을 시련으로 보지 않습니다. 시련이 아니라 극복해야 할 과제로 보는 것입니다. 그야말로 대단한 긍정입니다. 사실 이 회장은 더없이 긍정적인 사람입니다. 예컨 대, 우리 옛이야기에 우산장수와 짚신장수, 두 아들을 둔 어머니가 비 오는 날이면 짚신장수 아들을 걱정하고 맑은 날이면 허탕쳐야 하는 우산장수 아들을 걱정하는 얘기가 있습니다.

이 회장은 그와 반대입니다. 비 오는 날이면 우산장수 아들이 좋겠다고 반가워하고, 맑은 날은 짚신장수 아들이 좋겠다고 반가워하는 완전히 긍정적인 타입입니다. 따라서 도전을 즐기고 그 도전의 과정에서 필연적인 시련도 함께 즐기는 것입니다.

어떤 위기에 봉착했을 때, 이 회장은 회피하거나 물러서지 않습니다. 그 문제를 가지고 밤낮없이 생각에 몰두합니다. 다른 것은 일체 생각하지 않고 오직 위기 문제에만 집중합니다. 그러다 보면 난감하던 문제가 차츰 뿌옇게 보이기 시작하고, 정글을 손으로 헤치며 나가듯, 위기의 문제에 있어서 핵심과 해결 방안이 보이기 시작한다는 것입니다. 따라서 아예 불가능은 없다고 생각합니다.

이 회장은 팔십이 넘은 나이입니다. 하지만 그녀와 마주하면 전혀 나이를 느낄 수 없습니다. 삼십 대라고 해도 지나치지 않을 매끄러운 피부, 사십 대쯤으로 느껴지는 목소리로 열변을 토하는 모습을 보면 중년 여성 못지않습니다. 이 회장에게 젊음의 비결을 물으면 '열정과 사랑'이라고 합니다. 자신의 일, 자신의 헌신에 대한 열정과 사랑이 젊음을 유지하게 하는 것입니다.

그는 스스로 행복하다는 확신을 통해 끊임없이 자신의 뇌에서 엔돌핀을 생성시키고, 그 엔돌핀이 젊음을 유지시켜 주는 것 같습니다.

이 회장의 골프 스윙을 보면 30, 40대나 가능한 정석 스윙을 합니다. 노인의 몸으로는 도저히 불가능한 골프 교본에 있는 정석의 자세와 스윙을 그녀는 해냅니다. 2010년에는 모든 골퍼들의 꿈인 에이지 슈팅(자기 나이와 같은 타수)을 기록했습니다.

지미 카터 전 미국 대통령이 사람이 늙는 것을 "후회가 꿈을 덮는 순간, 우리는 늙는다."고 표현했습니다.

이 회장은 젊습니다. 정신이든 외모든 나이의 흔적을 찾을 수 없습니다. 그녀는 지금도 꿈을 꾸고 있으며, 그 꿈을 향해 부레 없는 상어처럼 한순간도 쉬지 않고 질주하고 있습니다.

이 회장의 '헌신'이 만든 기적은 대단합니다. 오직 개인의 힘으로 해낸 수도권 5위의 종합병원 설립, 가천의과대학교, 가천 길대학, 경원대학교, 경원전문대학을 하나로 통합해서 만든 가천대학교는 학생 수 기준으로 수도권 3위입니다.

또한 우리나라 건국 이후 가장 성공한 여성 CEO로 평가받고 있으며, 자신의 모든 것을 국가와 사회에 기부한 공익 재단 이사장이기도 합니다. 자신이 세운 가천길재단과 가천대학교의 모든 재산은 국가의 것입니다. 자신의 모든 것을 던져서 만든 것을 국가와 사회, 인류를 위해 내놓은 것입니다.

이 회장은 바람개비라는 자신의 별명을 좋아합니다. 바람개비는 바람이 세게 불면 불수록 더욱 힘차게 돌아갑니다. 이 회장은 바람개비처럼 그의 인생에서도 고난과 시련이 닥칠수록 도전 정신과 추진력이 더 큰 힘을 발휘한 인물입니다. 그는 "새우잠을 자더라도 고래 꿈을 꿔라."라고 말합니다. 또한 스스로 인생을 걸 만한 꿈이 있는지 확인해 보라고 했습니다.

이 회장은 저서 『아름다운 바람개비』에서 자신을 이끌어 온 열 가지 신념을 얘기했습니다. 참고가 될 만해서 소개합니다.

1. 한 걸음 앞서가라.
2. 꿈에는 마침표가 없다.
3. 하루 25시간 뛰어라.
4. 최첨단을 찾아라.
5. 인재를 모셔라.
6. 공익 경영, 핵심을 찾아라.
7. 사람을 우선하라.
8. 상대의 입장에서 생각하라.
9. 대의는 반드시 보상을 받는다.
10. 매사 긍정하고 신뢰를 가져라.

우리는 자신의 꿈을 이룬 인생의 진정한 승리자, 이길여 회장으로부터 꿈을 성취하려면 몸과 마음을 바치는 헌신이 필수라는 사실을 발견했습니다. 우리도 우리의 멋진 미래를 위해 자신의 목표에 올인하는 헌신으로 매진한다면 반드시 꿈을 성취할 수 있을 것입니다.

이 회장은 정말 하고 싶은 꿈이 있다면 실패를 두려워 말고 지금 당장 시작하라고 말합니다.

두 개의 시간

프랑스의 작가이자 철학자인 샤르트르는 "'Life is from B to D' 인생은 B birth 로 시작해서 D death 로 끝난다."라고 말했습니다. 그렇습니다. 사람은 태어나서 언젠가 반드시 죽습니다. 그러나 인생이 단순하게 태어나서 죽는 과정만 있다면 재미도 없고 의미도 없으며 아무런 노력도 하지 않을 것입니다.

인생에는 드라마와 같은 일들이 엄청나게 많습니다. 그 드라마 같은 인생을 만드는 것이 바로 B와 D 사이에 있는 알파벳, C 때문입니다. C는 Choice입니다. 인생이 달라지는 것은 '선택'에 의해 이루어지는 것입니다. 실패한 사람도 잘못된 선택으로 말미암아 실패하고, 성공한 사람도 현명한 선택으로 말미암아 성공하는 것입니다.

'선택'에 있어서 가장 중요한 문제는 선택에는 시간적인 제한이 있다는 것입니다. 잘 알다시피 시간은 3단계로 구분됩니다. 과거, 현재, 미래가 그것입니다. 이 세 가지 시간 가운데 우리에게 선택이 가능한 시간은 '현재' 밖에 없습니다. 우리가 만약 과거를 바꿀 수 있다면 인생에 후회는 있을 수 없을 것입니다. 하지만 그것은 불가능합니다. 미래는 아직 오지 않았습니다. 미래는 신의 영역입니다. 우리 인간이 스스로 통제할 수 있는 시간은 오로지 현재밖에 없습니다.

그렇기 때문에 지금 선택하지 않으면 안 됩니다. 자신의 현재에 만족하지 못한다면 그것은 자신이 어제(과거) 내린 선택 때문입니다. 내일은 오늘 자신이 내린 선택이 만드는 것입니다. 따라서 오늘의 선택은 대단히 중요할 수밖에 없습니다. 자신의 현재와 미래를 좌우하기 때문입니다.

그리스 신화에 두 명의 '시간의 신'이 등장합니다. 한 명은 '절대 시간'을 상징하는 크로노스Chronos이고, 또 한 명은 '상대 시간'을 상징하며 기회의 신이라고도 불리는 카이로스Kairos입니다.

크로노스는 신들의 제왕인 제우스의 아버지입니다. 크로노스의 모습은 스페인의 대표적인 낭만주의 화가 프란시스코 고야의 〈자식을 잡아먹는 크로노스〉라는 그림으로 널리 알려져 있습니다. 크로노스의 끔찍한 습성은 '시간이 모든 것을 집어삼킨다'라는 의미로 새롭게 해석되고 있으며, 올림포스의 신들은 시간을 이겨서 불멸의 신이 된 것입니다.

상대 시간의 신이자 기회의 신인 카이로스는 제우스의 아들로 무척 재미있는 모습을 하고 있습니다. 그의 머리를 보면 앞머리는 무성한데 뒷머리는 머리털이 하나도 없는 대머리입니다. 그의 어깨와 양발에는 날개가 달려 있습니다. 카이로스의 동상 앞의 에피그램에는 이렇게 쓰여 있다고 합니다.

"앞머리가 무성한 이유는 사람들로 하여금 내가 누구인지 금방 알아차리지 못하게 하고 나를 발견했을 때는 쉽게 붙잡을 수 있게 하기 위함이며, 뒷머리가 대머리인 이유는 내가 지나가고 나면 다시는 나를 붙잡지 못하도록 하기 위함이며, 어깨와 발에 날개가 달린 이유는 최대한 빨리 사라지기 위함입니다."

그래서 카이로스 신은 우리에게 이렇게 말합니다.

"인간들아, 너희들이 나를 알아보고 손을 뻗으면 나는 항상 너희에게 잡혀주겠지만, 너희가 나를 알아보지 못하고 그냥 지나치거든, 너희는 절대로 나를 잡을 수 없을 것이다. 나는 기회라는 시간의 신이다."

누구에게나 하루 24시간이 주어지지만, 어떤 사람은 하루를 30시간, 40시간처럼 사용하고, 또 어떤 사람은 하루 8시간도 제대로 쓰지 못합니다. 따라서 현재 시간을 잘 활용하는 사람이 성공할 수밖에 없습니다.

많은 사람들이 자신에게 주어진 시간을 가치 있게 활용하지 못하고 사라지지만, 이길여 회장과 같은 사람은 카이로스 신, 즉 상대 시간을 잘 활용해서 놀라운 업적을 이루었습니다.

그는 매 순간 자신의 선택에 몰입했고 자신의 꿈인 박애, 봉사, 애국을 위해 모든 것을 바쳐 헌신했습니다. 그 결과 오늘의 업적을 이룬 것입니다. 우리도 자신만의 명확한 꿈을 설정하고 그 꿈에 몰입해서 헌신한다면 언젠가 반드시 그 꿈을 이룰 것입니다.

무합성 발효 화장품 미애부
백인자 대표

백인자 대표의 '삼심(三心)'

초심(初心) 거짓 없고 참되고 꾸준한 마음
열심(熱心) 정성을 다하는 열정적인 마음
성심(誠心) 진실로써 최선을 다하는 마음

백인자 대표의 좌우명

옳고 바른 마음으로 세상을 이롭게 하자

아줌마의 기적을 만든 삼심三心

무합성 발효 화장품 미애부 **백인자** 대표

백인자 대표를 처음 만났을 때의 느낌은 본인의 표현대로 자달막한 키에, 평범한 얼굴, 구수한 충청도 사투리를 편안하게 구사하는 아주머니였습니다. 그러나 일과 삶, 꿈과 열정에 관해서 말하면 순식간에 달변가로 변해서 청중을 압도합니다.

그녀는 두 자녀를 둔 엄마, 평범한 공무원의 아내, 아담한 체구에 수다를 좋아하는 전형적인 전업 주부였습니다. 취미로 시작한 테니스 때문에 얼굴에 번지는 기미를 없애려고 바른 화장품의 인연으로 화장품 판매를 시작, 마침내 자신의 인생이 바뀌게 되었습니다.

자신이 사용하던 화장품 회사 영업 대표의 자리에까지 오르며 치열한 영업 현장을 남다른 열정으로 이끌어 연매출 1,000억 원, 가족(미애부는 직원을 가족이라 호칭) 2,000명이나 되는 중견 화장품 회사로 만드는 데 큰 역할을 한 주인공이며 초심·열심·성심의 3심을 신조로 삼고 아줌마 신화를 창조, 신데렐라가 된 아줌마를 가리키는 '줌데렐라' 또는 '줌마렐라'가 된 주인공이 바로 '무합성 발효 화장품 미애부'의 백인자 대표입니다.

백인자 대표의 신조인 삼심三心부터 살펴봅니다.

첫째, 초심初心입니다.

'거짓 없는 참된 마음'이 초심입니다. 백 대표는 사회에 진출하기 전, 여느 주부들이나 다름없이 일상을 쳇바퀴 돌듯이 생활하던 전업 주부였습니다. 더욱이 일찍 결혼한 탓에 큰 아이는 대학생이었고, 둘째는 기숙사가 있는 학교에서 생활했습니다. 자녀들이 집을 떠나다시피 하니까 대견하면서도 어쩐지 마음이 허전하고 시간이 남아돌았습니다.

이제 아이들의 엄마, 한 남자의 아내가 아닌, 진정한 한 여자로서 자신을 위해 해야 할 일이 무엇일까, 자신이 진정으로 원하는 것이 무엇일까를 진지하게 생각해 보게 됐습니다. 그에 따라 여러 봉사 활동도 참여하고, 각종 자격증 취득을 위한 공부도 하고 한문을 배우는 문화원도 운영해 봤지만 좀처럼 허전함을 채울 수 없었습니다.

그럴 무렵, 건강과 취미로 시작한 것이 테니스였습니다. 건강에도 좋고 재미도 있었습니다. 활기찬 운동에 푹 빠져 거의 매일 테니스장에서 살다시피 했습니다. 무엇을 하든 1등을 해야 직성이 풀리는 성격 때문에 주부 대항 전국 테니스 대회에 출전해서 우승 트로피를 받아들기도 했습니다.

그런데 문제가 생겼습니다. 땡볕에서 매일같이 테니스를 치다 보니 얼굴에 기미가 늘어나기 시작한 것입니다. 여자로서 무척 신경 쓰이는 일이었습니다. 기미를 없애려고 온갖 방법을 다 써봤지만 별 효과가 없었습니다. 도저히 기미를 없애지 못하겠다는 생각에 포기할 무렵, 우연히 친구가 무합성 발효 화장품을 소개했습니다. 큰 기대를 걸지 않았습니다. 약품도 아니고 화장품이 어떻게 기미를 없앤다는 건가, 반신반의하며 사용했습니다. 화장품 이름도 처음 듣는 것이어서 더욱 기대하지 않았습니다.

무합성 발효 화장품을 사용한 지 불과 며칠 뒤 뜻밖의 효과가 나타났습니다. 정말 피부 톤이 밝아지더니 차츰 기미가 사라지고 있는 것이 아닌가요.

주변 사람들이 먼저 놀랐습니다.

"아니, 무슨 좋은 일 있어? 어떻게 된 거야? 얼굴이 점점 예뻐지는데 무슨 까닭이 있는 거 아냐?"

백 대표는 그런 말을 자주 들으면서 무합성 발효 화장품의 효과에 스스로 감탄했습니다. 발효 화장품이라는 것이 생소하기는 했지만 매일 같이 TV를 통해 요란하게 선전하는 수많은 화장품들보다 오히려 신뢰감이 갔습니다. 더욱이 순수한 국내 기술로 개발한 무합성 발효 화장품이라는, 다른 화장품들과 차별화된 점이 마음에 들었습니다.

더구나 이 화장품은 한 가지 라인을 가지고 나이, 성별, 피부 타입, 계절과 관계없이 온 가족 누구라도 함께 사용할 수 있는 장점까지 가지고 있었습니다. 그렇다면 한 가정에서 한 세트만 사용해도 되니까 경제적으로도 도움이 되겠다는 생각이 들었습니다. 하지만 무엇보다 백 대표는 자신이 이 발효 화장품을 사용해서 직접 큰 효과를 보았기 때문에 확고한 믿음이 있었습니다.

백 대표는 먼저 이웃이나 친지들에게 발효 화장품을 추천하기로 했습니다. 뿐만 아니라 기미, 잡티, 여드름, 아토피 등 각종 피부 트러블이 있는 사람들에게 적극적으로 추천했습니다. 백 대표의 추천으로 화장품을 사용해 본 이웃이나 친구들이 큰 효과를 봤다며 고맙다고 인사할 때마다 이 화장품을 더욱 신뢰하게 되었습니다.

그때 백 대표는 문득 한 가지 생각을 하게 됐습니다.

"나뿐만 아니라, 사용해 본 사람들이 한결같이 큰 효과를 봤다고 하는데, 그냥 아는 사람들에게 소개만 할 게 아니라, 이 화장품을 본격적으로 추천하는 일을 해보면 어떨까?"

좋은 화장품을 소개하는 보람도 있고 수입도 생기고 일거양득이 아닌가하고 판단했습니다. 그것이 평범한 주부였던 백 대표가 화장품 사업에 뛰어든 직접적인 계기였습니다. 백 대표는 사실 이름조차 생소했던 발효 화장품에 대해 좀 더 자세히 알아보기 시작했습니다.

미애부가 2003년 창립과 동시에 처음으로 론칭한 발효 화장품이 '비욤'이었습니다. 피부 개선제로 효능도 뛰어날 뿐 아니라, 충분한 수분과 영양 공급으로 피부를 항상 촉촉하고 생기 있게 해주는 뛰어난 화장품이었습니다.

요란한 광고도 없었고, 발효 화장품에 대한 인식이 부족했으며 화장품 회사도 생소했던 탓인지 소비자들에게 쉽게 다가가지 못했습니다.

무합성 발효 화장품 미애부 시그니처 라인

하지만 그것은 오래가지 않았습니다. 백 대표가 그랬던 것처럼 사용해본 사람들이 그 효과에 만족하여 입소문을 내면서 아주 좋은 반응이 나타니기 시작했습니다. 제품의 탁월한 효능이 소비자들을 사로잡기 시작한 것입니다.

자신감을 얻은 미애부는 스킨, 에멀션, 주름개선 세럼, 아이크림, 영양크림 등으로 이루어진 스킨케어 라인을 출시함으로써 모든 세대가 부담 없이 사용할 수 있는 피부 트러블 없는 순한 화장품, 효능이 뛰어난 천연 화장품, 한 번 사용해본 사람은 다시 생각나는 화장품으로 각광을 받게 되었습니다.

백 대표의 사업 시작과 사회 진출은 이렇게 단순한 계기에서 비롯됐습니다. 취미로 시작한 운동 때문에 얼굴에 기미가 생기게 되었고, 기미를 없애려고 온갖 노력을 다하다가 무합성 발효 화장품을 알게 되었으며, 그것을 사용해본 결과 본인 스스로 큰 효과를 얻었습니다.

그에 따라 주변 사람들에게 적극적으로 추천했으며, 한결같이 기대 이상의 효과를 보자, 본격적으로 이 화장품을 널리 알리는 사업에 뛰어든 것입니다. 모두 순수한 발상이었습니다. 그것이 아줌마의 기적을 만든 삼심 가운데 첫 번째인 초심입니다. 백 대표는 지금도 처음 시작할 때의 그 초심을 유지하고 있습니다.

둘째, 열심熱心입니다.

백 대표는 열심이란 '정성을 다하는 열정적인 마음'이라고 말합니다. 본격적으로 무합성 발효 화장품의 효능을 알리기로 결심하고 시작한 사업의 출발점은 자신이 살고 있는 아파트였습니다. 사업 경험도 없었고, 자금을 투자한다는 것도 무척 부담스러웠기 때문입니다. 또한 낮에는 텅 빈 공간이나 다름없어서 효과적으로 활용해 보는 것도 괜찮겠다고 생각한 것입니다.

가정의 공간인 아파트에서 사업을 한다는 것이 생소할 수도 있겠지만, 이것은 결과적으로 백 대표의 화장품 회사가 시작한 독특한 '홈 프랜차이즈 사업'의 출발점이 되었습니다. 가정을 점포화시켜서 낮에는 점포로, 밤에는 가정집으로 활용하는 사업을 하게 된 것입니다.

그러다 보니 문제가 없는 것은 아니었습니다. 입소문을 타고 사람들의 방문이 많아지다 보니, 가령 남편이 직장에서 퇴근하면 먼저 집으로 전화를 걸어 집에 들어가도 되는지 확인하는 일이 잦아졌습니다. 또한 백 대표의 아파트에 얼마나 많은 사람들이 드나들었는지 현관 철문이 망가져 내려앉는 일까지도 있었다고 했습니다.

가정의 공간을 점포로 활용하다 보니 모든 게 좌식座式일 수밖에 없었습니다. 회의도, 강의도 모두 앉아서 하는 좌식이었기 때문에 처음 방문하는 사람들이 신기해 했습니다.

특히 외부 강사들이 오면 이구동성으로

"제가 강의를 많이 해봤지만, 구두를 벗고 이렇게 가정집 거실에서 강의해 보기는 처음입니다."

하며 새로운 느낌을 받았다고 했습니다.

물론 백 대표가 좋은 기회를 잡았기에 성공한 것은 아닙니다. 백 대표는 지방 출장을 다녀오다가 승용차를 폐차시켜야 할 정도로 큰 교통사고를 당한 적이 있었습니다. 양쪽 발목의 뼈가 골절이 아니라 아예 깨져버려, 의사가 앞으로 과연 두발로 걸을 수 있을지 지켜봐야 한다고 우려할 정도로 큰 부상을 당했습니다. 하지만 그저럼 큰 사고도 백 내표의 두 번째 정신인 '열심'을 막지는 못했습니다.

백 대표는 병원의 병실에서 업무를 계속한 것입니다. 그때 관계자들이 병원에서까지 일을 계속하는 이유를 물었더니 백 대표는 이렇게 말했습니다.

"제가 발이 부서졌지 입은 멀쩡하거든요…."

주치의나 간호사들이 모두 혀를 내두를 정도로 그는 병원에서도 정말 '열심'으로 일을 했습니다.

셋째, 성심誠心입니다.

'끈기 있는 성실한 마음'이 성심입니다. 백 대표는 회사는 물론 자녀들을 키울 때도 성심을 다했습니다. 그녀의 아이들은 고맙게도 공부를 열심히 해서 두 아이 모두 특목고를 졸업했고 서울대에 입학했습니다. 딸은 2006년 49차 행정 고시 수석 합격, 연수원 수석 졸업이라는 뛰어난 능력으로 청와대 비서실에 근무했습니다. 아들도 대기업에 근무 중입니다. 자녀들은 엄마의 정성스럽고 진실로 최선을 다하는 성심을 알고 잘 자라 준 것입니다.

백 대표는 남들과 전혀 다를 바 없는 평범한 전업 주부였지만 언제나 마음속에는 가슴 뛰는 삶을 살고자 했으며, 하루하루를 긍정적으로 살다 보니 성공적인 삶이 선물처럼 다가왔다고 했습니다. 그녀의 좌우명은 '옳고 바른 마음으로 세상을 이롭게 하자'입니다. 백 대표는 이렇게 말합니다.

"과학의 발달로 인간의 생활은 편리해졌겠지만 환경은 나날이 열악해져서 지구는 더욱 오염될 것입니다. 이러한 상황에서 무합성 발효 화장품으로 인간의 피부를 살리고 환경을 살려서 인간과 지구를 돕는 일은 자신이 정성을 쏟을 수 있는 가치 있는 일입니다."

'삼심'의 정신으로 효능 좋은 천연 발효 화장품을 적극 홍보하고 '홈 프랜차이즈'로 판로를 넓혀나가며 미애부 화장품은 나날이 성장했습니다. 백 대표의 열정적이고 성실한 노력이 기업의 성장에 결정적으로 기여했습니다. 당당하고 전문적인 '뷰티어'로서 백 대표가 뛰어난 활약과 눈부신 업적을 쌓아올리자, 회사에서도 백 대표의 열정과 역량을 높이 평가해서 경영진에 참여시켰습니다. 평범한 가정 주부에서 뷰티어로 변신했으며 대전 사업국 본부장이 되었고, 영업지원 본부장을 거쳐 마침내 이 회사의 CEO가 됐습니다.

잘 알다시피 우리 사회에서 출세를 하려면 어떤 배경을 가지고 있든지 특별한 인적 관계를 가지고 있어야 한다는 것이 보편적인 정서입니다. 그러나 백 대표는 초심, 열심, 성심의 참된 열정과 능력으로 CEO가 된 여성입니다.

그녀는 특히 주부들에게 호소합니다.

"지금 살기가 팍팍하다고, 또 미래가 보이지 않는다고, 남편이 직장을 잃었다고 주저앉지 마세요. 우리 아줌마가 나서면 됩니다. 여성이 움직이면, 우리 아줌마들이 움직이면 못할 게 없습니다. 진심이 밑바탕이 된 초심, 열심, 성심이면 정말 못할 것이 없습니다. 아줌마들이 일어서야해요. 주저하지 말고 벌떡 일어나세요."

백 대표는 삼심으로 성공 신화를 창조했습니다. 그 핵심은 바로 혁신입니다. 주거 공간인 아파트를 사무실로, 밥상을 책상으로 바꾸는 혁신을 실천했습니다. 남들이 시도하지 않은 창의적인 방법으로 성공 신화

좌식문화의 미애부 뷰티존

의 문을 연 것입니다.

올해 창업 10주년을 맞은 미애부는 전국에 50여 개의 뷰티 존을 운영하며, 화장품을 방문 판매하는 것이 아니라, 소비자가 뷰티 존을 찾는 역방문 판매로 좋은 성과를 얻고 있습니다.

또한 국내에서의 괄목할 만한 성장을 바탕으로 중국 현지에 생산 공장을 세우는 등 미국, 일본, 태국 등지에서도 활발한 해외 진출을 통해 성과를 이루어 나가고 있습니다.

우리도 현실의 상황을 혁신적인 시각으로 바라본다면, 뜻하지 않은 놀라운 성과를 얻어낼 수 있습니다. 자신의 환경이나 능력을 너무 한정시키고 위축시키지 말아야 합니다. 현실이 어렵다면 생각을 바꿔보십시오. 고답적인 사고로는 바뀌지 않습니다. 역발상, 창의성, 과감한 도전 등으로 자신에게 혁신을 일으키면 새로운 길이 보일 것입니다. 그리고 두드리면 길이 열릴 것입니다.

도전하고 혁신하라

기원전, 마케도니아의 알렉산더 대왕은 동방 원정길에 올랐습니다. 소아시아의 중앙에 있는 고르디우스에 들어섰습니다. 이 도시에는 제우스의 신전이 있었습니다.

이 신전의 기둥에 한 대의 짐수레가 단단히 묶여 있었는데, 이 매듭을 푸는 사람이 아시아의 지배자가 된다는 전설이 전해지고 있었습니다. 매듭이 워낙 정교하게 묶여 있어서 아직까지 아무도 풀지 못했습니다.

이 이야기를 들은 알렉산더는 신전으로 가서 칼을 뽑아 들고 단칼에 그 매듭을 베어버렸습니다. 고정 관념을 깬 것입니다. 매듭을 빈드시 땀 흘리며 손으로 풀라는 법은 없습니다.

알렉산더는 아시아의 지배자로서의 지위를 약속받게 되었습니다. 거칠 것이 없는 알렉산더는 이집트까지 정복하고, 나일 강 하구에 알렉산드리아라는 그리스식 도시를 건설했습니다. 이 도시는 그 후 300년 동안 세계 최대의 도시로 번성했습니다.

수많은 정복자들이 그 신전의 매듭을 풀고 아시아를 지배할 야심으로 도전했지만 아무도 풀지 못했는데, 따지고 보면, 그들 스스로 매듭을 푸는 데 있어서 상식적인 원칙이 있다고 생각했을 것입니다. 하지만 칼로 풀어서는 안 된다는 조건은 없었습니다. 때로는 자기만의 방식으로 문제를 해결하는 것도 하나의 좋은 방법입니다.

'콜럼버스의 달걀'도 마찬가지입니다.

콜럼버스가 신대륙을 발견하고 명성이 자자해지자 시기하는 사람들이 늘어났습니다. 그의 놀라운 업적을 폄하하며 배를 타고 무작정 서쪽으로 항해하다가 우연히 육지가 나타난 것이지 대단한 일이 아니라고 했습니다.

그런 말을 들은 콜럼버스가 그들 앞에서 달걀을 꺼내 그것을 똑바로 세워보라고 했습니다. 끝이 뾰족한 달걀을 아무도 세워놓지 못했습니다. 그러자 콜럼버스가 달걀을 테이블에 세게 때려 뾰족한 부분을 깨뜨려서 세웠습니다.

"에이, 그렇게 달걀을 깨뜨려서 세우면 누군들 못 세워?"

하며 모두 비웃었습니다. 콜럼버스가 말했습니다.

"내가 달걀을 깨뜨려서 세우면 안 된다는 말은 하지 않았소."

혹시 지금 풀리지 않는 문제가 있다면 혁신적인 방법을 생각해 보십시오. 알렉산더가 매듭을 칼로 자른 것도 혁신적인 방법이며, 콜럼버스가 달걀 뾰족한 부분을 깨뜨려 세운 것도 혁신입니다. 그는 무작정 서쪽으로 항해한 것이 아니라, 서쪽으로 가면 반드시 육지가 나올 것이라는 확신을 가졌던 것입니다.

하지만 아무도 그런 생각을 하지 못했고 콜럼버스가 과감하게 실천에 옮긴 것입니다.

신전의 매듭을 칼로 자르면 된다는 생각을 아무도 못했으며, 아무도 달

갈을 깨뜨리면 세울 수 있다는 생각을 못한 것입니다. 말하자면 상식을 깨고, 상식을 벗어나는 것이 혁신입니다.

혁명은 과거의 방식을 단번에 깨뜨리고 새로운 것을 급격하게 세우는 것을 말합니다. 혁명은 세상을 변화시킵니다. 혁명은 혁신이라고 할 수 있습니다.

1928년까지 역대 올림픽 수영 종목 배영 100미터의 최고 기록은 1분 8초였습니다. 세계 정상의 수영 선수들이 '마의 1분 벽'에 도전했지만 누구도 1분의 벽을 깨지 못했습니다. 그러나 1935년 8월, 올림픽이 아닌 고등학교 수영 대회에서 이 벽이 깨졌습니다. 주인공은 아돌프 키에퍼로 58.5초에 배영으로 100미터를 돌파했습니다. 종전의 세계 최고 기록을 무려 10초나 경신한 것입니다.

그 비밀은 '플립 턴'이었습니다. 그때까지 기존의 방식은 손으로 벽을 짚고 턴하는 '사이드 턴'이었기 때문에 턴하는 순간 운동량이 소멸됐지만, 새로운 방식인 '플립 턴'은 도착 1m 전에 몸을 회전시켜 발로 벽을 차고 턴하는 방식이었습니다.

몸을 둥글게 회전해서 무게 중심이 이동하기 때문에 기존의 운동량과 스피드가 최대한 유지되는 장점을 지니고 있었습니다. 수영에서 플립 턴은 속도의 혁명을 가져온 것입니다.

1968년 멕시코 올림픽 높이뛰기 결승전에서 모두의 예상이 완전히 깨졌습니다. 신인 선수인 딕 포스베리가 세계 신기록을 경신해서 2m 24cm를 뛰어넘어 우승한 것입니다. 더욱이 아무도 생각하지 못했던 새로운 방식이 사람들을 놀라게 했습니다.

당시 모든 선수들은 앞으로 뛰어넘었습니다. 말하자면 몸을 엎드린 자세로 바^{bar}를 뛰어넘었는데, 딕 포스베리는 세계 최초로 눕는 듯한 자세로 뛰어넘은 것입니다.

바로 배면 점프^{Flop jump}라는 기술입니다. 그러한 혁신적인 기술로 최대 10cm는 더 높이 뛸 수 있었습니다. 높이뛰기의 혁명이자 혁신을 가져온 것입니다.

수영 선수들의 가장 큰 고민은 어떻게 하면 최대한 작은 수영복을 입을 수 있을까 하는 것입니다. 물과의 마찰계수 때문입니다. 그런데 이언소프라는 선수가 2000년 시드니 올림픽에서 전신 수영복을 입고 3관왕을 차지했습니다. 무엇이든 획기적인 변화를 가져오려면 과거의 방식을 단번에 깨뜨리는 혁신이 필요합니다. 그것은 창조하는 것입니다.

적자에 허덕이던 탄자니아 동물원은 역발상 전략으로 엄청난 수익을 올려 흑자 동물원으로 바뀌었습니다. 거대한 초원이 있는 탄자니아는 충분한 햇빛이 쏟아지고 적당히 비가 내려 다양한 열대동물들이 살아가기에 이상적인 환경이었습니다. 하지만 탄자니아 동물원은 그러한 좋은 조건에도 불구하고 입장 수입보다 드넓은 동물원을 관리하는 데 엄청난 비용이 들어서 심각한 경영난을 겪게 된 것입니다.

동물원 측은 갖가지 방법을 강구해 봤지만 뾰족한 방법을 찾아내지 못했습니다. 그런데 동물원의 한 직원이 우연히 다음과 같은 신문 기사를 읽고 이 문제를 해결할 방안을 찾아냈습니다.

기사의 내용은 이러했습니다.

탄자니아의 한 마을 주민들이 이리들의 잦은 습격으로 골머리를 앓고 있었습니다. 현지 주민들은 보통 집에 문을 달지 않았기 때문에 외출할 때 아이들의 안전이 문제였습니다. 그래서 주민들은 외출할 때 교대로 당번을 서든지, 아니면 아이들을 데리고 먼 길을 가야만 했습니다. 그럴 때 마을의 한 여성이 기발한 방법을 생각해 냈습니다. 그녀는 대장간을 찾아가서 철창을 만들어 달라고 주문했습니다. 그녀는 외출할 때마다 어린 아이들을 철창 안에 가두어 놓고 나갔습니다.

어느 날 그렇게 해 놓고 외출했다가 돌아와 보니 굶주린 이리들이 철창 주위를 서성거릴 뿐 아이들을 해치지 못했으며 그녀는 막대기로 이리들을 쫓아버림으로써 이리의 침입으로부터 어린이들을 안전하게 지킬 수 있게 됐다는 것입니다.

동물원의 직원은 이 기사를 보고 기발한 발상을 떠올렸습니다. 그 발상은 동물원을 찾는 관광객과 동물들의 역할을 바꿔보자는 것이었습니다. 즉, 관광객들을 차 안에 가두고 울타리 없이 자연 상태로 방목 중인 동물을 구경하게 하자는 것이었지요.

동물원 측은 즉시 실행에 옮겼습니다. 동물들을 마음껏 풀어 놓아 돌아다니게 했고, 관광객들을 철창차에 태우고 우리를 둘러보게 하였습니다. 보통의 동물원은 동물들을 우리 안에 가두지만 탄자니아 동물원은 사람을 철창에 가둔 것입니다. 이것이 야생의 동물들을 관광하는 '사파리 관광' 입니다. 동물들을 야생으로 그냥 내버려 두면 되니까 관리 비용이 들어갈 일이 없었습니다. 그리하여 탄자니아 동물원은 엄청난 흑자를 올릴 수 있게 된 것입니다. 역발상이 가져온 엄청난 효과였습니다.

그러한 역발상의 사례는 얼마든지 있습니다. 영하 50도를 넘나드는 시베리아에서 냉장고를 팔 수 있을까요? 대부분 고개를 흔들 것입니다. 그러나 우리 'LG전자' 는 경쟁자가 생각하지 못한 시장을 개척했습니다. LG전자가 러시아 시장에 대한 조사를 면밀하게 해본 결과 예상과 달리, 1년에 4~5개월 정도의 여름이 있다는 사실을 알았습니다. 아울러 러시아 사람들은 추위에는 강하지만 더위는 잘 참지 못한다는 사실도 알아냈습니다.

LG전자는 이런 환경에 착안해서 틈새시장을 집중 공략했습니다. 러시아에 에어컨을 수출해서 초기 브랜드 인지도 확보에 성공했습니다. 이런 역발상 전략으로 LG전자는 러시아에서 에어컨을 가장 많이 파는 기업이 됐습니다.

그렇다면 열사의 나라 사막 중동 국가들에 난로는 팔 수 있을까요? 아마 대부분 정신 나간 짓이라고 할 것입니다. 하지만 중동에 난로를 팔아서 대박을 터뜨린 기업이 있습니다. 바로 '파세코' 입니다. 파세코는 틈새시장을 겨냥한 역발상 전략으로 낮 기온이 섭씨 5, 60도를 오르내리는 중동 지방에 난로를 수출하려는 계획을 세웠습니다.

사실 중동 국가들이 뜨거운 사막이라는 것은 일반적인 상식일 뿐입니다. 파세코가 시장 조사를 해보니까 실제로는 이란, 이라크, 요르단, 이스

라엘 등 중동 북부 지역의 겨울 날씨는 매섭기 그지없었습니다. 이들 나라의 북부 지방은 폭설도 자주 내렸습니다.

2005년 2월, 아프가니스탄에서는 수년 이래 가장 혹독한 겨울 추위와 눈사태 등으로 어린이 180명을 포함해 최소 260명 이상이 사망했습니다. 그것뿐이 아닙니다.

타이완에서는 기온이 영상 10도 아래로 떨어지는 '이상 한파'로 20명이 사망했고 62명이 입원하기도 했으며, 홍콩에서도 영상 8도까지 떨어지는 기온 급강하로 3명이 숨지고 63명이 입원했습니다.

우리 상식으로 영상 10도에 사람이 죽는다는 것은 이해가 되지 않지만, 더운 나라들에서는 기온이 급강하하면 사망의 중요 원인이 되기도 합니다. 더운 기후에 익숙한 열대 지역 사람들은 추위에는 무척 약한 것입니다. 이러한 사실을 파악한 파세코는 이라크에서만 일 년에 무려 120만 대의 난로를 팔았습니다. 액수로 4천만 달러가 넘습니다. 중소기업으로서는 엄청난 수출액입니다.

미애부 화장품의 백인자 대표도 상식을 벗어나는 시도로 자신의 성공을 이룩했습니다. 무흡성 발효 화장품이 아무리 효능이 좋아도, 자신이 막대한 비용을 투자해서 거창한 점포를 얻고, 인테리어를 하고, 사업을 시작했다면 성공하기 어려웠을 것입니다. 아파트 거실을 점포화하고 그것을 더욱 활성화해서 홈 프랜차이즈로 체계화시키는 등 혁신이 있었기 때문에 성공할 수 있었습니다.

무엇인가를 새롭게 시작할 때, 대부분의 사람들은 되도록 거창하고 화려하게 시작함으로써 자신을 과시하려 합니다. 하지만 이러한 태도는 결코 바람직하지 못합니다.

다른 사람들과 차별화가 있어야 합니다. 또한 새롭게 시작하는 만큼, 최대한 절약하고 실속이 있어야 성장할 수 있습니다. 로또 당첨과 같이 하루아침에 인생 역전하는 것을 상상해서는 안 됩니다.

아주 사소한 것이 남과 다른 특별한 것이 될 수도 있습니다. 자신에게 대수롭지 않은 것이 남들이 갖지 못한 소중한 자산이 될 수도 있습니다.

백 대표는 지금까지 이뤄온 것보다 앞으로 미애부와 함께 이뤄갈 것이 더 많기에 '성공'이라는 단어는 아직 자신에게 맞지 않는다고 말합니다.

또한 오늘날 자신이 있기까지는 전적으로 믿고 아낌없이 지원해준 회장님을 비롯한 회사 모든 임직원들의 노력이 있었기에 가능했다며, 미애부는 남과 똑같이 해서는 안 된다는 핵심 가치를 실현해가는 회사로, 구성원 모두가 한마음 한뜻으로 이뤄낸 성과라고 겸손하게 말합니다.

그중에서도 백 대표는 자신의 성공 요인을 뽑는다면 가장 큰 힘이 되었던 것은 바로 미애부의 '가족들'이었다고 말합니다. 정말 회사가 아닌 가족과 같은 마음으로 함께해 주었기에, 언제나 하나의 마음으로 목표를 향해 나아갈 수 있었다며 모두에게 감사해합니다.

그래서 미애부의 직원들도 직원이라고 부르지 않고 가족이라고 부릅니다. 어떤 회사보다 분위기가 자연스럽고 편안합니다. 따라서 협동심도 매우 뛰어납니다. 협동심이야말로 백 대표의 성공을 견인한 동력입니다.

협동심은 엄청난 파워를 작동시킵니다. 꿀벌의 경우를 봅시다. 꿀벌의 가장 무서운 적은 말벌입니다.

말벌은 꿀벌 5,500마리에 해당하는 독성을 지니고 있다고 합니다. 따라서 꿀벌은 말벌과 싸워서 절대로 이길 수 없습니다. 하지만 어떤 경우 꿀벌이 말벌을 죽일 때가 있습니다.

그것은 열 공격으로 말벌을 공격할 때입니다. 열 공격은 꿀벌들이 말벌 한 마리를 에워싸서 꿀벌 덩어리를 만든 다음, 열을 가해서 죽이는 방법입니다. 말벌의 치사 온도는 46도, 꿀벌의 치사 온도는 48도라고 하는데 꿀벌들이 한 덩어리로 뭉쳐 자신들의 온도를 47도까지 높임으로써 말벌의 치사 온도를 넘겨 죽게 하는 것입니다. 1도 차이로 말벌은 죽고 꿀벌은 살게 되는 것입니다.

이 필사적인 싸움에서 꿀벌들은 목숨을 던져 임무를 수행합니다. 꿀벌들이 목숨을 거는 이유는 자신이 지켜야 할 가치가 있는 것, 즉 자신의 가족과 여왕벌, 자신의 보금자리를 지키기 위해서입니다.

만일 어떤 조직에서 구성원들이 자신의 목숨을 걸고 싸울 만한 가치를 만든다면, 구성원들은 그 가치를 믿고 자신의 모든 것을 걸고 헌신합니다. 그러면 그 조직은 물론, 개인도 성공할 수밖에 없습니다. 백 대표의 전 직원 가족화도 분명히 하나의 가치를 창출한 것입니다. 누구든지 자신의 가족은 목숨 걸고 지키려 할 것입니다. 가치를 창출하고 가치 있는 일에 도전해야 하는 이유도 거기에 있습니다.

재즈의 여왕
윤희정

NO. 1 & ONLY ONE

윤희정은 너무 조급하게 생각하지 않기로 했습니다. 재즈는 부르는 사람에 따라 색깔이 달라집니다. 따라서 '넘버 원(No.1)' 이 되는 것이 아니라 '온리 원(Only one)' 이 되어야 한다고 생각했습니다. "일등이 되기보다 내가 아니면 안 되는 그런 사람"을 지향한 것입니다. 오직 윤희정으로서 반드시 자신만이 해낼 수 있는 재즈를 하겠다는 결심이었습니다.

250인의 인맥

재즈의 여왕 윤희정을 만났을 때 느낌은 '여장부' 였습니다. 성공한 여자 열의 아홉은 '여장부' 입니다. 윤희정은 열정과 자신감으로 똘똘 뭉쳐 상대를 압도합니다. 목소리, 행동, 웃음, 유머, 눈빛이 좌중을 휘어잡습니다.
윤희정은 열정과 희망의 덩어리였습니다. 저명 인사 250인을 무대에 세운 저력은 바로 열정과 희망이었습니다.

재즈^{Jazz}, 재즈 음악을 얘기하자면 '뉴올리언스'를 빼놓을 수 없습니다. 지난 2005년 허리케인 카트리나로 말미암아 도시 전체가 물에 잠길 정도로 엄청난 피해를 입어 더욱 널리 알려진 뉴올리언스는 미국 남부 미시시피 강 하구에서 동쪽으로 조금 떨어진 곳에 있는 남부의 대표적인 항구 도시입니다.

과거에는 프랑스인들이 점령하기도 했으며 스페인 등과도 각축을 벌여, 여전히 프랑스, 스페인, 아일랜드, 독일, 이태리 등 유럽 출신의 백인들이 많이 거주하고 있으며, 미국 남부 도시답게 흑인들이 많습니다. 이러한 백인과 흑인의 비율이 50대 50일 정도입니다.

뿐만 아니라 큰 항구 도시여서 일찍부터 각국의 선원들이 수없이 드나들고, 상인, 군인, 직업을 찾는 실직자들이 끊임없이 모여드는 몹시 잡다하고 혼란스런 도시이기도 합니다. 이처럼 다양한 남자들이 모여드니 자연히 온갖 종류의 술집, 클럽 등을 비롯해서 홍등가가 크게 번성했습니다. 따라서 밤의 도시라고 할 수 있으며, 좋게 말하면 열정과 낭만이 가득한 도시라고 할 수 있습니다. 또한 '재즈의 고향'이라고 불리는 도시이기도 합니다.

재즈의 역사는 정확히 알 수 없습니다. 재즈는 혼합성과 즉흥성이 강하고 연주자들의 테크닉 구사가 강해서, 음악적 전통성이나 보편성보다 연주자의 개별적인 기교를 위주로 하는 뮤지션 음악입니다. 물론 현대의 재즈는 상당한 체계화가 이루어져 있습니다.

일반적으로 알려져 있는 재즈의 기원은 대략 이러합니다.

1861년 미국에서는 최대의 내전이 일어났습니다. 흔히 노예 해방 전쟁이라고 하는 '남북전쟁'이 일어난 것입니다. 미국 북부와 남부가 극단적으로 대립하며 더없이 치열했던 이 내전은 4년 동안이나 계속된 뒤, 수십만 명의 사상자를 내고 남부군의 항복으로 끝이 났습니다.

북군이나 남군에는 군대의 열병, 행진 그리고 사기를 북돋우기 위한 군악대가 있었습니다. 남부군의 군악대는 거의 흑인 병사들로 이루어졌습니다. 흑백의 인종 차별이 심하고 흑인 노예의 해방을 반대했던 남부군은 전투에서 앞장서야 하는 군악대가 자칫하면 총알받이가 될 수도 있기 때문에 흑인들로 군악대를 구성했던 것입니다.

마침내 남부군은 패배했고 흑인 노예들은 해방되었습니다. 흑인들은 자유의 몸이 됐지만 전문 지식이나 기술이 없었기 때문에 뚜렷한 직업을 갖기 어려웠습니다. 남부군 군악대 출신 흑인들이 일자리를 찾아서 대도시인 뉴올리언스로 몰려들었습니다. 하지만 그들도 확실한 직업을 갖기가 어려웠습니다. 그들은 주점이나 클럽을 찾았고 그곳에서 악기를 연주하며 생계를 유지했습니다.

솔직히 그들에게는 특별한 음악성도 없었으며 심지어 악보조차 볼 줄 모르는 군악대 출신들도 많았습니다. 연주자라지만 선배로부터 억지로 배운 나팔 부는 솜씨가 고작이었습니다. 그러나 일자리를 얻거나 잃지 않으려면 다른 연주자들보다 좀 더 나은 솜씨를 뽐내야 했습니다. 그리하여 분위기에 맞는 즉흥 연주(애드립)를 삽입하는 경우가 많았습니다. 그것을 테크닉을 마음껏 발휘하는 레그타임Reg Time이라고 합니다.

재즈 연주에 금관 악기가 많고 행진곡풍이 많은 것도 그 까닭입니다. 그들의 군악대는 금관 악기들로 이루어진 브라스밴드였으며 주로 행진곡을 연주했기 때문입니다. 뉴올리언스의 클럽들에는 전통 음악을 연주하는 피아노, 바이올린 연주자들도 많았습니다. 흑인들이 이들과 함께 연주를 하게 되면서, 전통적인 유럽 음악의 화성 구조와 아프리가 음악의 복잡한 리듬이 합쳐졌습니다. 또한 뛰어난 흑인 연주자들이 등장하면서 흑인 가곡, 춤곡, 성가 등이 혼합되어 이른바 '뉴올리언스 재즈'가 탄생했습니다.

그와 함께 고급스런 음악과 통속적인 음악이 합쳐지고 현란한 테크닉과 복잡한 애드립이 한데 어울리는 음악, 작곡되는 음악이라기보다 연주되는 음악으로서 재즈는 그것만의 독특하고 독자적인 음악의 한 장르로 차츰 당당히 자리 잡게 됐습니다.

금관 악기가 전하는 강렬한 리듬, 열정적이고 빠른 템포의 재즈 음악은 댄스곡으로 각광을 받으며 전쟁에 지치고 실의에 빠진 젊은이들에게 선풍적인 인기를 끌었습니다. 그 뒤 제1차, 제2차 세계대전을 치르며 재즈는 젊은이들의 음악, 미국의 대표적인 음악으로 자리 잡았습니다. 댄스곡으로 각광받던 재즈는 뛰어난 연주자들에 의해 블루스, 가스펠 등과 접목하고 흑인 영가와 같이 영혼 그리고 삶의 고뇌와 애환을 담아낸 세계적인 음악이 되었습니다.

재즈는 결코 쉬운 음악이 아닙니다. 그러나 그 어떤 음악도 따라올 수 없는 재즈의 강력한 호소력에 젖어들면 누구나 열렬한 재즈 마니아가 됩니다. 우리나라에 재즈가 소개된 것은 6 · 25 한국전쟁 이후일 것입니다. 그 뒤 재즈 마니아들이 늘어나기 시작해서 현재 우리나라에는 아주 많은 재즈 애호가들이 있습니다.

윤희정은 재즈 가수입니다. 영혼의 울림이 있는 영가를 부르는 흑인 여성과 같은 당당한 체격과 풍부한 볼륨, 뛰어난 가창력 그리고 오랜 경험에서 나오는 재즈에 대한 완벽한 해석은 그녀를 재즈의 여왕이라고 부르기에 조금도 손색이 없습니다.

그녀는 열정과 자신감으로 가득해서 상대를 압도합니다. 삶의 노하우도 남다르기 때문에 말도 거침이 없습니다. 한마디로 열정과 희망으로 똘똘 뭉친 산처럼 느껴집니다. 더욱이 그녀는 저명 인사 250여 명의 멘토 재즈 가수이기도 합니다.

멋있지만 다가가기가 힘들고 연주하고 싶지만 배우기 어려울 것 같다는 것이 재즈에 대한 보편적인 선입견입니다. 앞에서도 밝혔지만 재즈는 즉흥 연주를 가미하여 창조적으로 연주하는 음악이어서 쉽게 익숙해지기 힘든 것이 사실입니다. 하지만 재즈는 잘 몰라도 재즈 가수 윤희정을 아는 사람은 많습니다. 또 윤희정이라는 이름은 잘 몰라도 포스터나 사진, 영상을 보고 '아, 저 여자!' 하는 사람이 더 많습니다.

우리나라에서 재즈하면 가장 먼저 떠오르는 이름이 윤희정입니다. 올림머리, 화려한 드레스, 우람한 풍채가 그녀의 트레이드마크입니다. 풍부한 음색, 풍성한 몸매, 개성 넘치는 패션의 그녀를 만나면 누구나 강한 인상을 받습니다. 그녀의 파워 넘치는 공연을 보고 나면 바로 그녀의 팬이 됩니다.

그녀는 음악 인생 40년 가운데 재즈 뮤지션으로 20여 년을 살았습니다. 그녀는 재즈를 대중에게 친근하게 접근시키고자 끊임없이 노력했습니다. 1997년, '윤희정과 프렌즈'라는 재즈 공연을 시작해 2011년까지 전국에서 100회가 넘게 공연해 왔습니다. 매 공연마다 연예인을 비롯한 기업인, 정치인, 법조인, 사업가 등 비전문가들을 재즈 공연 무대에 세워 재즈를 대중화시키는 데 크게 기여하고 있습니다.

1953년생이니까 올해 60세인 윤희정이 처음부터 재즈 가수로 출발한 것은 아니었습니다. 그녀는 인천에서 인성여자고등학교를 졸업했습

205

니다. 미선계 학교여서 일찍부터 흑인 영가를 들을 기회가 많았습니다. 노래솜씨가 뛰어났던 그녀는 가수가 되어 흑인 영가와 같은 혼이 담긴 노래를 부르고 싶었습니다.

가수가 될 기회를 찾던 윤희정은 1971년, 18세 때, 당시 후라이보이 곽규석이 진행하는 KBS의 '전국노래자랑'에서 대상을 차지하며 가수의 길에 들어섰습니다. 그 당시 KBS의 '전국노래자랑'은 MC 송해가 진행하는 요즘 '전국노래자랑'과는 전혀 다른 프로그램이었습니다. 신인을 발굴해서 등용시키는 요즘의 '위대한 탄생'이나 '슈퍼스타 K'와 비슷한 대단한 인기 프로였습니다.

지금의 서울시의회 자리에 있었던 시민회관에서 개최됐는데 대단한 열기였다고 합니다. 당시 지하도에는 윤희정의 얼굴이 표지에 나오는 잡지가 도배를 할 정도였다고 합니다. 그 무렵, 윤희정의 오빠는 서울대 법대 재학시절 최연소로 사법고시에 합격했는데 집안에 겹경사가 난 것입니다. 그녀는 KBS의 전속 가수가 되어 2년 동안, 〈세노야〉〈지다 남은 잎새〉 등의 앨범을 냈습니다. 전속이 끝난 후, 당시 동아방송에서 방송된 드라마의 주제곡을 불러 가수 윤희정을 모르는 사람이 없었습니다.

그녀는 인기 가수로 활동하면서 결혼하여 두 자녀를 두기도 했습니다. 자녀 출산과 양육 등으로 바쁜 가수 활동을 줄이고 시간의 여유를 갖는 과정에서 윤희정은 여학생 시절이 생각났습니다. 소녀 시절 혼이 가득 담긴 흑인 영가에 푹 빠졌던 시절을 회상한 것입니다. 그런 노래를 부르고 싶었던 자신의 꿈과 소망이 고개를 들었습니다.

하지만 대중성이 거의 없는 흑인 영가를 부르며 가수 활동을 할 수는 없었습니다. 많은 생각 끝에 재즈 블루스가 흑인 영가와 서로 맥이 통한다는 느낌을 갖게 됐습니다. 재즈야말로 자신의 공허함을 채워 줄 수 있는 음악이라고 생각했습니다.

'그래, 재즈를 해보자. 재즈 가수가 되면 혼이 담긴 노래, 내가 부르고 싶은 노래를 할 수 있을 것이다.'

그녀는 재즈에 푹 빠져 집요하게 노력하며 과감하게 재즈 가수로서 새롭게 도전했습니다.

그러나 재즈를 부를 무대가 마땅치 않았습니다. 재즈 가수는 대개 클럽에서 노래를 불러야 하는데 두 자녀가 아직 어렸고 크리스천으로서 밤에 재즈 클럽의 무대에 설 형편이 아니었습니다. 또한 재즈에 대해 좀 더 깊이 있게 알고 노래를 부르고 싶었습니다.

윤희정은 지인의 소개로 우리나라에서 재즈의 대부로 불리는 이판근 선생을 만났습니다. 그녀는 이 선생에게,

"선생님, 재즈는 무엇인가요?"

하고 물었습니다. 이판근 선생은 허허 웃으며,

"내가 지금까지 60년 넘게 재즈를 해 왔는데 그 속에 무엇이 있는지 지금도 찾고 있어."

하고 대답했습니다. 정말 오묘하고 심오한 음악이 재즈였습니다.

윤희정은 너무 조급하게 생각하지 않기로 했습니다. 재즈는 부르는

사람에 따라 색깔이 달라집니다. 따라서 넘버 원No.1이 되는 것이 아니라 온리 원Only One이 되어야 한다고 생각했습니다. "일등이 되기보다 내가 아니면 안 되는 그런 사람"을 지향한 것입니다. 오직 윤희정으로서 반드시 자신만이 해낼 수 있는 재즈를 하겠다는 결심이었습니다.

그녀는 서두르지 않고 더욱 재즈 공부에 열중했습니다. 그럴 무렵, 서울 정동 극장에서 재즈 공연을 하자는 연락이 왔습니다. 윤희정은 재즈가 대중들에게 좀 더 가까이 다가갈 수 있는 방법이 없을까, 곰곰이 생각하다가 재즈와 전혀 관계가 없는 사람들을 무대에 세워보면 어떨까 하는 생각을 하게 되었습니다.

그래서 '윤희정과 프렌즈'라는 이름으로 공연마다 연예인 한 명과 재즈와 관계가 없는 비전문적인 저명 인사 한 명을 무대에 세웠습니다. 재즈의 비전문가를 무대에 세우려면 보통 3개월 이상 트레이닝을 시켜야 했습니다.

그리하여 가수 김건모, 이현우, 옥주현 등과 배우 송일국, 신애라, 김미숙, 박상원, 유준상, 김효진, 남경필, 소유진, 박정자, 최정원, 이유리, 이하늬, 허준호, 김보연 등의 연기자들이 윤희정의 재즈 공연 무대에 섰으며, 마술사 이은결, 영화감독 이장호, 홍사덕 전 장관, 홍영선 전 성모병원장 등 수많은 사회 저명 인사들을 합쳐 지금까지 약 250여 명이 '윤희정과 프렌즈'의 무대에 섰습니다.

1997년 처음 시작해서 2002년까지는 거의 매달 공연을 했는데 짧은 기간에 새로운 사람들을 발굴하고 연습시키는 것이 무척 힘들었습니다. 그녀는 이렇게 말했습니다.

"정말 죽는 줄 알았어요. 지금 다시 시작하라고 하면 절대 못하겠죠. 차라리 저 혼자 노래하고 연습하면 쉬운데 재즈를 처음 접해보는 사람들 여러 명을 동시에 트레이닝시키는 일이 보통 힘든 게 아니더라고요. 게다가 한 사람이 무대에 올라가기까지는 아무리 짧아도 두 달이 걸리는데 미리 2~3회분의 공연을 준비하려면 여러 명을 연습을 시켜야 하잖아요. 그때는 힘들다는 생각보다 온몸에 엔돌핀이 샘솟았죠."

그녀와 재즈 무대를 함께 할 저명 인사는 직관으로 선택했다고 합니다. 누가 잘할 것 같다는 생각이 들면 99% 적중했습니다. 그래서 TV를 보다가 괜찮은 사람을 발견하면 그 인사의 전화번호를 알아내 대부분 윤희정이 먼저 연락해서 섭외했습니다.

더러는 스스로 윤희정을 먼저 찾아온 인사들도 있었습니다. 연예인 가운데 김미화, 옥주현, 노주현, 송일국 등은 그들이 먼저 찾아온 경우였습니다. 재즈에 관심이 있고 재즈를 배우고 싶다며 찾아왔는데, 열심히 재즈를 연습하는 것을 보면 그들이 왜 스타가 되었는지 알겠더라고 했습니다.

그녀가 가장 공들여 '윤희정과 프렌즈'로 섭외한 인물은 송인준 전 헌법 재판관이었습니다. 섭외하는 데 6개월이 걸렸습니다. 그는 계속해서 사양했는데, 우연히 그가 시를 쓴다는 사실을 알아냈고, 그가 지은 시 '들국화'에 곡을 붙여 공연에 초대해서 들려드린 뒤에야 허락을 얻었습니다. 송인준 재판관은 정말 노래를 잘해서 법조계로 나가지 않았으면 가수를 했을 것 같은 인물이었다고 했습니다.

윤희정에게 재즈를 선택한 것을 후회하지 않느냐고 물으면 좀 더 일찍이 재즈를 몰랐던 것을 후회한다고 말합니다. 서른여섯 중년의 나이에 우리나라 재즈의 대부 이판근 선생을 만나 본격적으로 재즈를 사사했으니 솔직히 좀 늦은 편이었습니다. 하지만 그 뒤, 그녀에게 재즈는 삶, 그 자체였습니다.

대중에게 보다 쉽게 재즈를 전달하려는 그녀의 노력은 스승에게 물려받은 한국식 재즈에서 잘 드러납니다. 우리 전통 악기 꽹과리 소리로 새로운 셔플모리 리듬을 만들어낸 〈세노야〉를 비롯해서 윤희정이 부르는 재즈곡들은 한국인이라면 누구나 좋아하는 된장찌개처럼 구수하고 푸근한 매력이 넘쳐납니다.

윤희정은 세계 3대 명재즈 가수 중 한 명으로 꼽히는 엘라 피츠제럴드가 죽었을 때, 〈뉴욕 타임스〉의 1면을 비롯해서 대부분의 기사들이 그녀의 기사로 채워졌던 것을 기억합니다. 모든 매스컴이 '하늘의 별이 졌다'고 하면서 한동안 그녀가 부른 재즈만을 내보내는 것을 듣고 보면서 "아티스트는 저래야 하는구나!" 하고 느꼈습니다. 자신도 나중에 많은 사람들로부터 '정말 재즈를 사랑했던 여자' '윤희정만 할 수 있는 노래가 사라져서 아쉽다'는 이야기를 듣고 싶다고 했습니다.

윤희정은 그동안의 재즈에 관한 경험과 사연을 남겨놓고자 『이 노래 아세요?』라는 제목의 책을 냈습니다.

윤희정의 재즈 공연은 티켓이 5만 원인데 언제나 매진됩니다. 그 비결에 대해 이렇게 말했습니다.

"비가 오나 눈이 오나 공연은 반드시 계속된다Show must go on를 해왔기 때문이죠. 공연 날짜에 김대중, 노무현 대통령의 국장이 두 번 있었는데 우리 공연은 변함없이 계속됐죠. 다만 그날 공연에서는 드레스를 블랙으로 바꾸고 소로(sorrow, 슬픔)풍의 애잔한 곡들로 레퍼토리를 바꿨습니다."

그녀의 무대에 섰던 연예인은 물론, 기업인, 국회의원, 판검사에 이르기까지 250여 명이나 되는 것을 보고 인맥이 대단하다며 마당발이 아니냐고 물었습니다.

"마당발 아닙니다. 그 달의 무대에 가장 잘 어울릴 사람, 존재감이 있는 주인공을 늘 물색합니다. 먼저 출연했던 분들이 다른 분을 추천도 해주시고, 전혀 모르는 분이라도 이 분이다 싶으면 적극적으로 섭외한 것입니다."

재즈의 여왕, 윤희정에게 배우는 핵심 포인트는 "원한다면 스스로 찾아가라."입니다. 우리는 좀처럼 남에게 먼저 다가가지 않습니다. 그러나 윤희정은 말합니다.

"항상 먼저 다가가라!"

Show Must Go On

윤희정은 'Show Must Go On' 이라는 말을 자주합니다. 공연은 계속되어야 한다는 뜻이며, 일반적으로 무슨 일이 있어도 자신의 본분을 계속 해나가야 한다는 것입니다. 아무리 힘들고 어렵더라도 목적한 바는 지속되어야 하고, 멈추지 않을 때 꿈은 성취됩니다.

'윤희정과 프렌즈' 공연은 지난 2011년 100회를 넘어섰습니다. 그처럼 열정적인 그녀를 보면 도끼를 갈아서 바늘을 만든다는 마부작침磨斧作針이 떠오릅니다. 아무리 힘들어도 포기하지 않으면 이루어진다는 뜻으로 쓰이는 말입니다.

중국 당나라 때 시선詩仙으로 불리던 이백은 서역의 무역상이었던 아버지를 따라 어린 시절을 타향에서 보냈습니다. 젊은 시절 도교에 심취했던 그는 유협의 무리들과 어울려 각지의 명산들을 유람하기도 했습니다. 당시 학문을 위해 산으로 들어갔던 그는 공부가 싫증이 나서 산에서 내려와 집으로 돌아가는 길에 냇가에서 한 노파가 바위에 도끼를 갈고 있는 모습을 보고 의아했습니다.

"할머니, 지금 무얼 하시는 겁니까?"

"바늘을 만들려고 하는 거야."

노파의 대답을 들은 이백은 기가 막혔습니다.

"할머니, 어떻게 도끼를 갈아서 바늘을 만듭니까?"

그러면서 이백이 큰 소리로 웃자, 노파는 가만히 이백을 바라보며 꾸짖듯이 말했습니다.

"이봐, 젊은이. 웃을 일이 아니야. 중도에 그만두지 않는다면 언젠가 이 도끼로 바늘을 만들 수 있어."

이 말을 들은 이백은 크게 깨달은 바가 있어 그 뒤로는 한눈팔지 않고 글공부에 매진했다는 일화가 있습니다. 그가 고금을 통하여 대시인으로 불리게 된 것은 그러한 경험이 계기가 되었을 것입니다. 그래서 아무리 어려운 일이라도 끈기 있게 계속 노력하면 마침내 이룰 수 있다는 의미로 '마부작침'이라는 고사성어를 쓰게 되었습니다.

어느 앙케이트 조사에 따르면 "인맥이 중요하다고 생각하는가?"라는 질문에 응답자의 97.8%가 중요하다고 대답했습니다. 그다음 질문으로 "당신은 인맥 관리를 잘 하고 있습니까?" 하는 질문에는 응답자의 불과 6%만이 그렇다고 했습니다. 중요한 것을 알면서도 실천을 하시 못하는 것입니다. 성공적인 삶에 있어서 인맥은 과거와 현재, 미래를 통틀어서 가장 중요한 요소 가운데 하나입니다.

가령, 자신에게 엄청난 사건이 터졌다고 했을 때, 자신이 전화를 걸면 틀림없이 도움을 줄 만한 사람이 몇 명이나 되는지 적어보십시오. 물론 가족은 제외하고 말입니다. 스스로 놀랄 것입니다. 뜻밖의 어떤 어려운 부탁에 도움을 줄 만한 사람이 적다는 것을 쉽게 깨달을 것입니다.

어떤 사람은 불과 한 명, 또 어떤 사람은 10명을 꼽을 수 있을 것입니다. 평생을 살면서 그럴 수 있는 사람이 22명은 되어야 한다고 필자는 생각합니다. 자신에게 진정한 친구를 비롯해서 인맥 22명만 있으면 무려 10,648명을 움직일 수 있습니다. 이것이 바로 친구의 친구 '인맥'의 법칙입니다.

아무리 힘들고 어려운 부탁이라도 들어줄 수 있는 친구(인맥) 22명이 있다면, 그들이 어떤 사정으로 친구에게 도움을 주기 어려울 때 자신의 또 다른 친구를 통해서라도 도움을 주려고 할 것입니다. 그러면 수치상으로 $22 \times 22 \times 22 = 10,648$명이 되는 셈입니다. 10,648명이 움직여 해결하지 못할 일은 없을 것입니다. 그렇다면 22명의 진정한 친구, 참다운 인맥을 어떻게 만들까요? 물론 쉬운 일은 아닙니다. 하지만 방법은 있습니다. 예컨대, 매년 12월 31일, 2시간씩만 할애해 보십시오. 올해 일 년 동안 내가 만난 사람들을 한 사람씩 떠올려서 그 가운데 자신의 인생에 가장 중요한 역할을 했던 한 명을 선정하는 것입니다. 그리고 그 사람에게 "당신은 올해 내가 만난 최고의 사람입니다."라고 통보하는 것입니다.

그러면 그 당사자의 기분은 어떨까요? 아마 무척 부담스러울 것입니다. 왜 그 사람에게 내가 올해 최고의 인물로 선정됐을까, 부담스럽겠지만 이 부담은 건강한 부담입니다. 자신을 최고의 인물로 선정한 친구에게 최선을 다하게 될 것입니다. 그리하여 서로에게 진실로 최선을 다하다 보면 인맥이 형성되는 것입니다. 매년 연말에 그와 같은 노력을 계속한다면 몇 년 지나지 않아 아주 바람직한 인맥이 만들어지는 것을 스스로 느끼게 될 것입니다. 그래서 성공한 사람들은 누구를 만나도 마치 자기 인생에서 가장 중요한 사람을 만난 것처럼 극진하게 대하고 최선을 다합니다. 그래서 그들은 22명이 아니라, 수십 명의 인맥을 갖고 있습니다.

진정한 인맥은 조건 없는 신뢰에서 비롯됩니다. 재미있는 사례를 한 가지 소개하겠습니다. 아주 오래 전, 20대 중반의 젊은이가 우리나라에 주둔하고 있는 미 8군에서 한국인 운전기사로 청소 용역일을 하고 있었습니다.

한번은 물건을 싣고 인천에서 서울로 돌아오는 길이었습니다. 그런데 어떤 외국 여성이 길가에 차를 세워 놓고 난처해하는 모습이 보였습니다. 그는 그냥 지나치려다가 트럭을 세우고 외국 여성에게 사정을 물어봤더니 그녀의 승용차가 고장 났다고 했습니다. 젊은이는 무려 1시간 반 동안이나 고생해서 차를 고쳐주었더니 외국 여성이 상당한 금액의 수고비를 내놓았습니다. 하지만 젊은이는 그 돈을 받지 않았습니다. 우리나라 사람들은 이만한 친절을 베푸는 것은 관습이라고 극구 사양했습니다. 그러자 외국 여성이 주소라도 가르쳐 달라고 사정하기에 알려주었습니다. 그랬더니 얼마 후, 이 외국 여성이 남편을 데리고 젊은이를 찾아왔습니다. 뜻밖에 그 외국 여성의 남편은 미8군 사령관이었습니다.

사령관이 수고비를 들고 직접 찾아와 내놓았지만 젊은이는 역시 끝내 사양했습니다. 그러면서 사령관에게 말했습니다.

"명분 없는 돈을 받을 수 없습니다. 꼭 저를 도와주시려면 명분 있는 것을 도와주십시오."

사령관이 물었습니다.

"명분 있게 도와주는 방법이 무엇입니까?"

"나는 사령관님 영내에서 일하는 운전 기사입니다. 그런데 미군에서는 아직 쓸 만한 차도 일정 기간이 되면 폐차시키더군요. 그 폐차권을 제게 주시면 그것을 수리하고 그것으로 사업을 하겠습니다. 폐차를 인수할 수 있는 권리를 제게 주십시오."

미8군 사령관으로서 그것은 조금도 힘들지 않은 일이었습니다. 그는 젊은이에게 서슴없이 폐차권을 주었습니다. 젊은이는 그것으로 미 8군에서 폐차시키는 차들을 인수해서 수리를 하고 운송 사업을 시작했습니다. 그리고 차츰 운송업을 확장시키며 큰 기업을 일구었습니다.

마침내 그 젊은이는 크게 성공해서 놀랄 만한 사업을 하게 되는데, 그 기업이 어디일까요? 바로 '대한항공'입니다. 이 일화는 대한항공 창업주인 고 조중훈 회장의 실화입니다. 오늘날의 한진그룹은 이렇게 우연한 인연과 신뢰에서 시작된 것입니다. 지금 옆에 있는 한 사람이 당신이 위기에 빠졌을 때 당신을 살릴 수도 있고 버릴 수도 있습니다. 좋은 인맥을 만들려면 그들과 만나고 그들에게 내가 먼저 무엇인가를 줘야 합니다. 조중훈 회장은 아무 이유도 없이 1시간 30분 동안 전혀 모르는 외국 여성의 차를 고쳐주고서 상상하지 못했던 인맥을 만나게 됐습니다. 어떠한 이유로든 내가 먼저 신뢰를 베풀고 내가 먼저 무엇인가 상대에게 줘야 합니다.

'윤희정과 프렌즈'의 250명 인맥은 그렇게 탄생했습니다.

윤희정은 가만히 앉아서 기다리지 않고, 15년 동안, 일일이 상대방에게 자신이 먼저 다가가서 "함께 재즈를 합시다."라고 말합니다.

윤희정은 말합니다.

"도전하세요. 가능하면 빨리, 지금 당장 도전하세요. 거절당하더라도 포기하지 마세요. 그리고 자신이 먼저 다가가세요."

우리는 많은 사람들과 더불어 살아갑니다. 성공으로 가는 길에 인맥만큼 중요한 것이 없습니다. 다시 한 번 자신과 인연을 맺고 있는 사람들을 둘러보고 항상 자신이 먼저 다가가 좋은 인맥을 만드는 것은 성공의 지름길이나 다름없습니다.

윌테크놀러지
김용균 대표

열정에 불을 지펴라

"이렇게 젊은 나이에 세상을 포기할 수는 없잖아요?
나의 현실을 받아들여야 합니다. 그리고 나의 앞길을
찾아야 합니다. 나의 꿈을 가져야 합니다. 내 꿈의 실
현을 위해 열정에 불을 지펴야 합니다."

꿈꾸는 자가 성취한다

윌테크놀러지 **김용균** 대표

김용균 대표는 오뚝이 같습니다. 수많은 좌절과 절망이 있었지만 포기하지 않았고 결국은 그 절망을 모두 극복하여 오늘의 성공을 이루어냈습니다. 표정은 늘 웃는 얼굴이어서 마주보고 있으면 덩달아 따라 웃게 만드는 인물입니다.

산골에서 태어난 소년, 대학 진학도 못하고 주유소, 사우나 등에서 일하다가 군에 입대, 교통사고로 장애인 제대를 하였습니다. 얼핏 보면 아무것도 제대로 하기 어려운 젊은이로 보이던 김용균. 하지만 그는 해냈습니다. 마침내 자신의 꿈을 이루어 연매출 750억, 세계 6위의 기술 전문 벤처 기업을 이끌고 있는 인물입니다.

도로 포장조차 되어 있지 않은 깡촌에서 태어나 소에 풀이나 뜯게 하고, 산으로 나무하러 다니는 소년이라면 누구나 도시에 나가 대학까지 공부하고 펜대를 굴리며 편안하게 살고 싶어 했을 것입니다. 불과 몇십 년 전만 해도 그런 소년이 괜찮은 대학에라도 들어갔다면 부모는 어깨에 힘을 주며 자랑했습니다.

김용균도 그러했습니다. 깡촌에서 제대로 공부하기도 어려운 처지였고, 대학 진학이 도저히 힘든 가정 형편이었지만 그는 대학에 가고 싶었습니다. 하지만 오로지 공부에만 매달린 도시 아이들을 당할 수 없었습니다. 그는 대학 입시에 실패했고, 그의 대학 진학 꿈을 잘 알고 있는 어머니는 2년제 전문대학이나 나와서 취직하라고 했습니다.

그러나 김용균은 대학 진학에 대한 미련을 버릴 수 없었습니다. 아버지에게 한 번만 재수를 할 수 있게 해달라고 사정했습니다. 아버지가 심각하게 말씀하셨습니다.

"너도 입장을 바꿔 놓고 생각해 봐라. 너하고 나하고 누구 입장이 더 이치에 맞는지 생각해 보라는 거다. 내가 나이 육십만 넘지 않았어도 무슨 일을 해서라도 너의 공부 뒷바라지를 해줬을 거다. 하지만 내가 나이도 많고 우리가 가진 것이라고는 논 다섯 마지기가 전부 아니냐? 어떻게 대학 공부를 할 수 있겠냐? 더우이 네 동생 둘이나 학교를 보내야 하는데 그조차 감당하기 어려운 형편이라는 걸 너도 알 것이다. 어쩌겠냐? 마음이 아프겠지만 네가 대학을 포기할 수밖에 더 있겠냐?"

물론 김용균은 가정 형편을 잘 알고 있었습니다. 아버지의 말씀에 반발할 구실이 있을 리 없었습니다. 그러나 그는 대학에 갈 수 없는 자신의 환경에 울분이 폭발했습니다. 고등학교 교과서, 참고서 가릴 것 없이 모조리 마당에 내던져 놓고 불태워 버렸습니다. 그리고 다음날 무작정 시골을 떠나 대구로 왔습니다.

오갈 데가 없었습니다. 독서실로 들어가 공부하는 척 새우잠을 자며 일자리를 찾았습니다. 마침 주유소 종업원으로 취직을 할 수 있었습니다. 그는 스스로 결심했습니다.

"낮에는 돈을 벌고 밤에는 독서실에서 공부하자. 내 힘으로 대학에 가자."

하지만 대학 입시 준비를 그렇게 짬짬이 해서 가능할 수 있을까요? 당시 주유소에서 한 달에 15만 원을 받았는데 10만 원은 아버지한테 송금했습니다. 그렇게 시작한 부모님에게 돈 보내드리기가 지금까지 변함없이 계속되고 있습니다. 주유소에서 6개월을 일한 후, 월급이 조금 더 많은 목욕탕 보일러실 보조 기사로 자리를 옮겨 다시 6개월간 일했습니다. 대학 진학을 원했지만 일하면서 공부가 뜻대로 될 리가 없었습니다. 또한 대학 진학의 절박함이나 필요성이 점점 줄어들어 군에 입대했습니다.

당시는 군복무 기간이 31개월이었습니다. 15개월쯤 지났을 때, 유격 훈련장에서 뜻하지 않은 교통사고를 당했습니다. 내리막 급경사에 주차해 놓은 군용 트럭의 브레이크가 풀려 김 대표를 덮친 큰 사고였습니다. 4차례나 수술을 받았지만 그의 다리는 정상으로 돌아오지 못했습니다. 그의 오른쪽 다리는 왼쪽보다 5.5센티가 짧습니다. 평생의 장애자가 된 것입니다. 그는 지금도 양쪽 발의 뒤굽 높이가 크게 차이나는 구두, 슬리퍼를 신고 있습니다.

아무튼 그 사고로 군병원에 4개월 동안이나 꼼짝 못하고 입원해 있었고, 그 뒤 휠체어, 목발, 지팡이 등에 의지해야만 했습니다. 정말 두 발로 걷는다는 것이 얼마나 큰 행복인지 그때 알았다고 했습니다. 이제 자신의 장래를 생각하니 앞이 캄캄했습니다. 자신의 꿈을 이루어가며 행복하게 살기는 틀렸다는 절망감이 밀려왔습니다.

장애인으로 조기 제대했지만 지팡이를 짚고 돌아다니기도 어려웠을 뿐 아니라 자신감이 크게 떨어져 세상을 헤치고 살아갈 엄두가 나지 않았습니다. 우선 살아야 하니까 서울의 친척형님 댁에 당분간 더부살이를 하게 됐지만 좀처럼 울분을 가라앉힐 수가 없었습니다.

한동안 울분과 분노의 나날을 보내면서 그는 차츰 자신의 현실을 인정했습니다. 자신이 울분을 터뜨린다고 해서 누가 도와주는 것도 아니고, 장애가 사라지는 것도 아니라는 생각이 들었습니다.

"이렇게 젊은 나이에 세상을 포기할 수는 없잖아? 나의 현실을 받아들이자. 그리고 나의 앞길을 찾아야 한다. 나의 꿈을 가져야 한다."

그는 누구도, 그 무엇도 원망하지 않고 모든 현실을 인정했습니다. 시골 가난한 농부의 아들로 태어난 것을 인정했고, 공부하지 못한 자신을 인정했으며, 장애인인 자신을 인정했습니다. 김용균이 당시 자신의 현실을 인정하지 않았더라면 지금쯤 망가진 인생을 살고 있거나 늘 불만과 분노에 쌓인 삶을 살고 있을 것입니다. 이미 지난 것들은 과거일 뿐, 그것을 붙잡고 있으면 한 발자국도 앞으로 나갈 수 없다는 것을 깨달은 것입니다.

그는 장애가 있는 몸이었지만 행동하기 시작했습니다. 고졸 학력이 전부인 그가 가진 능력이라고는 보일러 보조 기사로 일한 경력이 전부였습니다. 다만 인문계 고교 출신이지만 기계나 기술에 남보다 조금 앞선 솜씨가 있을 뿐이었습니다. 다행히 기술직은 다리를 몹시 절고 지팡이를 짚고 움직여야 하는 장애가 크게 문제되지 않았습니다.

IT 시대로 발전해 가면서 첨단의 기술 제품을 생산하는 기업들이 늘어나 김용균은 취업을 할 수 있었습니다. 고졸의 완전 초보 기술자였지만 그는 '일하다가 죽자'고 다짐했습니다.

그는 열정을 다해 죽기 살기로 일에 매달렸습니다. 점점 자신이 다루는 기술에 익숙해지고 경험이 쌓이면서 새로운 기술에도 눈이 트이기 시작했습니다.

그는 새 기술 개발에 몰입해서 연구하고 또 연구했습니다. 날이 갈수록 성과가 나타나기 시작했고 그에 따라 회사의 매출 규모도 크게 늘어나 마침내 코스닥에 상장하기에 이르렀습니다.

그는 한 기업에서 10년 9개월 동안이나 일했습니다. 회사의 발전에 크게 기여한 것입니다. 이제 그는 자신의 꿈을 키우며 자신이 하고 싶은 일을 하고 싶었습니다. 결국 김용균은 퇴직을 하고, 결단을 내려 2001년, 현재의 '월테크놀러지'를 창업했습니다. 지금으로부터 12년 전의 일이었습니다.

그는 사업이란 자신이 제일 잘 할 수 있는 아이템을 하는 게 위험을 줄일 수 있는 가장 확실한 방법이라고 생각했습니다. 또한 다가올 미래 시장에서 남들이 가지 않는 틈새시장을 공략하면 성공할 수 있다는 자신감이 있었습니다. 그것이 월테크놀러지가 지금까지 12년간, 한 우물을 파고, 외길을 달려 온 반도체 검사 장치인 비메모리 반도체용 프로브 카드probe card입니다.

당연히 처음부터 사업이 쉬울 것이라고는 생각하지 않았습니다. 멀고 험한 길을 포기하지 않고 끈질기게 밀고 나가야 목표를 이룰 수 있을 것이라고 생각했습니다. 그러나 첫해의 매출이 불과 2억 원밖에 안 되자 눈앞이 캄캄했습니다.

창업 초기에 투입된 자금이 바닥나고, 대출을 받아가며 회사를 살려 나가기 위해 안간힘을 다했습니다. 시작부터 너무 힘이 들었습니다. 그런데 '꿈꾸는 자에게 기회가 온다'든가, '기회는 준비된 자에게 온다'는 것처럼 뜻하지 않은 기회가 왔습니다. '삼성전자'가 비메모리 전문 반도체 검사장치 업체를 발굴한다는 소식을 듣게 됐습니다.

역시 미래의 틈새시장을 겨냥해서 준비해 온 아이템에 기회가 찾아 온 것입니다. 김용균 대표는 이 기회를 놓치면 사업을 접어야 할지도 모른다는 절박함으로 서둘러 도전했습니다. 4개 업체가 응모했습니다. 삼성전자에서는 4개 업체를 철저히 실사했습니다. 그 결과 김 대표의 월테크놀러지는 전체 점수에서는 하위권이었지만 기술력에서 가장 높은 점수를 받아 최종 선정의 영예를 안게 됐습니다.

국내 최대 기업인 삼성전자에 제품을 납품하는 안정된 공급처를 갖게 되자, 월테크놀러지의 기술력은 국내외에서 더욱 인정을 받게 되어 차츰 수출도 늘어나기 시작했습니다. 그리하여 현재 직원 270여 명, 매출 목표 750억 원의 탄탄한 중소기업으로 성장하기에 이르렀지요. 또한 비메모리 반도체 검사 장치 분야에서 국내 1위는 말할 것도 없고 세계 시장 점유율 6위를 자랑하고 있습니다.

이 첨단의 검사 장치 '프로브 카드'는 김 대표의 월테크놀러지에서 국내 처음으로 국산화에 성공했으며, 국내에서 유일하게 프로브 카드를 제작할 수 있는 모든 방식의 제조 기술을 확보하고 대량 생산하고 있다는 것도 놀라운 사실입니다.

월테크놀러지의 또 한 가지 특기할 만한 것은 전체 직원의 40% 이상이 고졸 출신이라는 것입니다. 김 대표 자신이 공업고등학교 졸업 후 기술력 하나로 자수성가한 CEO로서, 학력을 따지지 않는 편견 없는 고용 사회를 만드는 데 앞장서 온 결과라고 할 수 있습니다.

현재 월테크놀러지의 고졸자 비율은 기술직 45%, 관리직 37%, 연구개발직 13%에 이르며, 삼일공고, 수원정보고 등과 양해각서를 체결하고 맞춤형 인재를 양성해서 채용하고 있습니다. 또한 고졸 경력자의 임금이 대졸 신입 사원보다 높습니다. 김 대표는 이러한 공로로 2011년, 중소기업청과 중소기업중앙회의 그해 '7월의 자랑스런 중소기업인'으로 선정되었으며, 2012년에는 고용노동부로부터 '열린 고용리더'로 선정되기도 했습니다. 뿐만 아니라 현직 대통령이 중소기업 활성화 차원에서 직접 월테크놀러지를 방문, 현장에서 장관회의를 주재하여 화제가 되기도 했습니다.

김 대표가 갖가지 열악한 환경에서도 성공할 수 있었던 것은 확실한 목표가 있었기 때문입니다. 그 목표를 향해 줄기차게 질주했던 것입니다. 고졸이라는 것을 비관하고 도전하지 않았다면, 장애라는 현실에 무릎을 꿇었더라면, 그저 한 직장의 한 구성원으로 눌러앉았다면, "내가 감히 사업은 무슨⋯?" 하는 자격지심을 가졌더라면 오늘의 김용균은 존재하지 않았을 것입니다.

그는 그저 월급쟁이였지만, 자신의 일에 모든 것을 걸었습니다. 일하다가 죽자며 목숨을 걸었습니다. 수많은 밤을 신문지 깔아 놓고 자며 코피를 쏟았지만 김 대표는 한 번도 자신의 열정을 의심하거나 멈춘 적이 없었습니다. 그는 지나고 보니, 열정을 불사르는 것도 때가 있다는 것을 알았다고 했습니다.

불꽃이 솟는 시기가 지나가 버리면 아무리 거대한 열정도 전혀 의미가 없습니다. 열정을 불사를 수 있는 것은 비로 현재입니다. 자신의 인생에서 가장 중요한 시기는 자신의 오늘, 현재입니다. 자칫 이 순간을 놓치면 영영 기회가 오지 않을 수도 있습니다.

"확실한 꿈을 세워라. 그리고 오늘 당장 자신의 열정에 불을 지펴라."

꿈꾸는 자가 성취한다

　어렸을 적에는 누구나 꿈을 갖고 있었지만, 성인이 되면 대부분 당장의 현실에 쫓기면서 꿈을 잃어버리고 삽니다. 필자가 강의 중에 수강생들에게 꿈이 있느냐고 물으면 많은 사람들이 당황합니다. 꿈이 있다고 손을 드는 사람은 100명 중에 1명, 1%도 안 됩니다.

　우리가 처음부터 꿈이 없었던 것은 아닙니다. 당연히 누구에게나 꿈이 있었습니다. 다만 자신에게 꿈이 있다는 것을 잊어버린 것입니다. 꿈은 인생의 가장 중요한 근본 조건입니다. 고달프고 힘든 인생을 견뎌 내게 하는 것도 자신에게 꿈이 있기 때문입니다. 그런데 왜 꿈을 잃어버리고, 잊어버릴까요? 그 까닭은 꿈을 자신의 목표로 만들지 못했기 때문입니다. 꿈 그 자체로는 실현 가능성이 무척 낮습니다.

　꿈, 비전, 목표의 사전적 의미를 잠시 살펴봅시다.

＊꿈 : 실현하고 싶은 희망이나 이상. 실현될 가능성이 적거나 전혀 없는 헛된 기대나 생각

＊비전(이상) : 내다보이는 장래의 상황

＊목표 : 어떤 목적을 이루려고 지향하는 실제적 대상으로 삼음

일반적으로 꿈을 이루지 못하는 이유는 다음과 같습니다.

– 꿈을 이루는 것이 너무 힘들어서

– 꿈에 대한 구체적인 이미지가 그려지지 않아서

– 작심삼일 (꿈을 이루겠다고 결심하지만 며칠 못 가는 경우)

– 행동으로 이어지지 못해서

– 일상을 바쁘게 사느라고

– 실천하자니 고통이 뒤따르기 때문에

다음의 몇 가지 가운데 '목표'라고 생각되는 것은 몇 개일까요?

– 부모님께 효도한다

– 1년에 10억 원을 모은다

– 중국어를 배운다

– 몸무게를 10kg 줄인다

미안하지만 이 가운데 목표가 될 것은 하나도 없습니다.

목표를 세우려면 다음과 같은 4가지 조건이 필요합니다.

1. 구체성(Specific) : 내용과 방법이 구체적어야 합니다.

2. 측정성(Measurable) : 과성이나 결과를 측정할 수 있어야 합니다.

3. 객관성(Realistic) : 실현가능한 객관성을 지녀야 합니다.

4. 시효성(Timely) : 그것을 이루는 데 시간제한이 있어야 합니다.

사람은 누구나 꿈을 꿉니다. 그 꿈은 사람의 성격에 따라 다르고 사람마다 다양합니다. 사람들은 자신의 꿈이 달성되기를 원하지만, 대부분은 그 꿈을 이루지 못하고 인생을 정리합니다. 왜 꿈은 이루어지지 않는 것일까요? 그 이유 가운데 하나는 '꿈 따로, 행동 따로'이기 때문입니다. 꿈은 누구나 하나의 액세서리쯤으로 생각하며 한 켠으로 밀어 놓고 세상을 살기 때문에 이루지 못하는 것입니다.

꿈을 이룰 수 있는 비밀이 있습니다. 그 비밀은 의외로 간단합니다. 다음의 네 단계만 거치면 됩니다.

첫째, 우선 본인이 반드시 이루고 싶은 꿈을 구체적으로 적습니다.
둘째, 그 꿈에 날짜를 써 놓으세요. 그러면 그것은 목표가 됩니다.
셋째, 그 목표를 날짜별, 단계별로 나누십시오. 그러면 그것은 계획이 됩니다.
넷째, 그 계획을 실행하십시오. 그러면 꿈이 이루어집니다.

이 비밀은 오랜 시간에 걸쳐 일부 성공한 사람들에 의해 비밀스럽게 전해서 내려왔습니다. 반드시 구체적으로 날짜를 적어야 합니다. 꿈에다 날짜를 적어서 달성한 사례를 소개하겠습니다.

1953년, 미국 예일 대학교 법대의 실험에서 교수들이 졸업생을 대상으로 설문 조사를 실시했습니다. 설문은 간단했습니다.

"자네들에게 꿈이 있는가?"

결과는 응답자의 67%가 꿈이 없다고 응답했으며, 30%는 꿈이 있지만 적어놓지는 않았다고 했습니다. 겨우 3%만이 꿈을 적어서 갖고 있다고 응답했습니다.

그리고 20년이 지난 1973년, 추적 조사를 실시했더니 꿈을 적어서 갖고 있던 3% 졸업생들의 재산이 나머지 97%의 재산보다 더 많았습니다. 더욱 놀라운 것은 꿈이 없거나 적어놓지 않았던 97%의 졸업생들 가운데 많은 사람들이 꿈을 적어서 가지고 있던 3%의 졸업생들이 운영하는 대형 로펌에서 변호사로 일하고 있었다는 것입니다. 꿈이 없거나 꿈을 적어놓지 않았던 졸업생들은 결국 동창 선후배의 밑에서 월급쟁이 변호사로 일하고 있는 것입니다.

대수롭지 않은 것 같지만, 꿈은 그것을 적어놓을 때 이루어집니다. 꿈은 머릿속에서 그리는 막연한 것이면 이루어지지 않습니다. 구체적으로 꿈을 설정하고 도전해야 합니다. 또 한 가지 사례를 소개하겠습니다.

꿈을 구체적으로 적어 놓아서 성공한 사람이 있습니다. 미국의 유명한 영화배우이자 정치인 아놀드 슈워제네거입니다. 그는 어렸을 때 아버지와 함께 오스트리아에서 미국 캘리포니아로 이민 와서 가난한 어린 시절을 보냈습니다. 아버지는 알코올 중독자였습니다. 어린 아놀드는 조용히 자신의 미래를 그려봤지만 답이 나오지 않았습니다. 이민 2세, 가정 형편이 가난한 그에게 미래는 별다른 기내감을 주지 못했습니다. 그는 어렸지민 자신의 미래를 전환시키기 위해 세 가지 꿈을 정했습니다.

첫째, 영화배우가 되겠다.
둘째, 미국의 명문인 케네디 가문의 여성과 결혼하겠다.
셋째, 2005년 캘리포니아 주지사가 되겠다.

그러한 자신의 꿈을 적어서 책상 앞에 붙여 놓았고 항상 그것을 볼 수 있도록 했습니다. 또한 아놀드는 그러한 자신의 꿈을 이루어가려면 건강해야 하고, 남의 눈에 띨 만큼 좋은 체격을 갖추고 있어야 한다는 생각으로 열심히 신체를 단련시켜 세계 최고의 보디빌더가 됐습니다. 그 결과 근육질 남자를 캐스팅하던 영화제작사에 발탁되어 영화배우가 됐습니다. 근육질의 영화배우로 〈터미네이터〉, 〈토탈 리콜〉, 〈투루 라이즈〉 등의 액션 영화에 주연 배우로 출연하면서 인기를 쌓았고 명성을 얻었습니다.

그의 첫 번째 목표인 영화배우는 근육질 몸매를 만든 것을 계기로 성취할 수 있었던 것입니다. 그리고 영화배우로서의 자신의 인기와 명성, 넘치는 남성미로 고 케네디 대통령 누이의 딸인 마리아 슈라이버와 결혼까지 함으로써 두 번째 목표도 달성했습니다. 그는 케네디 가문의 일원이 된 것입니다.

세 번째 꿈인 2005년 캘리포니아 주지사가 되겠다는 목표는 놀랍게도 2003년의 주지사 보궐 선거를 통해 계획보다 2년 먼저 달성했습니다. 그는 캘리포니아 주지사를 두 차례 연임하고 퇴임한 뒤, 현재 다시 영화배우로 활동하고 있습니다.

아놀드의 꿈은 그 목표가 몹시 구체적이었으며 단계적이었습니다. 첫 번째 목표인 영화배우가 되기 위해, 자신을 돋보이고 개성을 갖추기 위해 먼저 보디빌더가 됐습니다. 하지만 세 번째 목표인 정치가, 즉 캘리포니아 주지사가 되는 길은 결코 쉬운 길이 아닙니다. 애당초 정치 활동을 한 것도 아니며 정치인이 아닌 영화배우로서 주지사가 되는 길은 아주 멀기만 한 것입니다.

그는 주지사가 되기 위한 구체적인 실천 목표를 두 번째로 설정했던 것입니다. 바로 케네디 가문의 여성과 결혼하겠다는 목표였습니다. 정치와 전혀 관련이 없는 자신이 정치가가 되기 위해서는 미국의 최고 명문으로 정치적 영향력이 막강한 케네디 가문의 지원이 절대적으로 필요하다고 판단한 것입니다.

명문 케네디 가문의 여성과 결혼하려면 무엇인가 다른 남성들보다 뛰어나야 합니다. 아놀드는 두 가지 자신의 가치를 창출했습니다. 하나는 영화배우로서의 인기와 명성이었고, 또 하나는 많은 여성들이 크게 매력을 느낄 만한 남성미였습니다. 따라서 그는 어렵지 않게 케네디가의 여성과 결혼을 성취했으며, 그를 주지사가 될 수 있게 만든 장본인은 바로 부인 마리아 슈라이버였습니다. 미국 사람들은 이러한 사실을 모두 잘 알고 있습니다. 아놀드는 철저하고 구체적인 과정을 거쳐 자신의 모든 목표를 달성했습니다. 모두 자신의 남다른 노력으로 이룩한 것입니다.

진정으로 꿈을 이루고 싶다면 그 꿈을 구체적인 목표로 바꾸고, 그 목표가 이루어지기를 원하는 날짜와 함께 반드시 적어 놓으십시오. 그리고 가장 잘 보이는 곳에 붙여 놓으세요. 또한 날짜별, 단계별로 실천 계획을 빈틈없이 작성하고 실천에 옮겨야 합니다. 그것이 자신의 꿈을 이루는 출발점입니다.

월테그놀러시의 김용균 내표도 꿈을 구체직으로 결정하고 도전했기 때문에 오늘날의 성공을 이룰 수 있었습니다. 꿈의 크기는 무제한이어서 가야 할 길이 멀고 해야 할 일들도 많기 마련입니다.

김 대표의 목표는 연매출 1,000억 원을 달성해서 벤처 1천억 클럽에 이름을 올리는 일입니다. 그와 함께 현재 세계 시장 점유율 6위를 1위로 끌어 올린다는 목표를 가지고 있습니다. 꿈을 꾸는 자는 언젠가 반드시 성공합니다.

Part 4

불굴 —
절대로 포기하지
마라

산악인 **엄홍길**

평강한의원 **이환용** 원장

[산악인 엄홍길]

혼신을 다해야 목표를 이룰 수 있다

엄 대장은 자신이 목숨을 걸고 끊임없이 산에 오르는
이유에 대해 이렇게 말했습니다.

"꿈을 이루려고 산에 오릅니다. 내 꿈은 산에 오르는
것입니다. 한계를 극복하면서 산에 오릅니다. 죽는
것이 두렵다면 가지 못합니다. 정상에 오르지 못하는
거죠. 혼신을 다해야만 목표를 이룰 수 있습니다."

목숨을 건 진검 승부

산악인 **엄홍길**

얼마 전에 엄홍길 대장과 저녁을 하는데 엄 대장께서 재미있는 건배사를 제 안해서 감동을 받은 적이 있습니다. 여러분도 기억했다가 술자리에서 활용 해보시면 박수를 받을 겁니다.

"제가 요즘 중국말을 배우고 있습니다. 그래서 건배사를 중국말로 하겠습니 다. 중국말에는 사성이 있는 것 아시죠? 그대로 하시면 됩니다. 제가 맥~취 ~하~ 하면, 여러분은 당~취~평~ 하시면 됩니다."

엄 대장께서 "맥~취~하~~"

우리가 "당~취~평~~" 하고 건배를 했습니다.

이 중국말이 무슨 뜻이냐면요, '맥~ 취~ 하'는 맥주에 취하면 하루가 행복 하고, '당~취~평'은 당신에 취하면 평생이 행복하다는 뜻입니다.

산악인 엄홍길은 흔히 '엄홍길 대장'이라고 불립니다. 헤아릴 수 없이 많은 히말라야 원정 등반대의 대장이었기 때문입니다. 그의 업적은 눈 부십니다. 인간이 지닌 능력과 의지의 한계를 보여준다는 히말라야의 8,000미터 급 최고봉들을 세계 최초로 모조리 정복했습니다.

히말라야에는 좌座라고 부르는, 세계에서 가장 높은 8,000미터가 넘 는 봉우리들이 14개가 있습니다. 이들을 가리켜 '히말라야 14좌'라고 부 릅니다. '좌'는 주교主教, Bishop가 앉는 자리를 뜻하며 가장 높다는 의미입 니다. 이 14좌를 히말라야의 주봉이라고 하며, 주봉과 산줄기가 같다고 해서 위성봉으로 부르는 높은 봉우리들이 있는데 그 가운데 주봉보다 더 높거나 뒤지지 않는 8,000미터가 넘는 봉우리 2개가 있습니다. 얄룽캉(8,505m)과 로체샤르(8,400m)입니다. 이 2개의 8,000미터 급 봉우리까지 합쳤을 때 '히말라야 16좌'가 됩니다.

엄홍길은 아시아에서 최초로, 그리고 세계에서 일곱 번째로 히말라야 14좌를 정복했습니다. 이어서 얄룽캉, 로체샤르마저 정복함으로써 세계 최초로 히말라야 16좌를 모두 정복한 세계 최고의 위대한 산악인입니다. 그는 어떻게 이처럼 빛나는 위업을 달성할 수 있었을까요?

엄홍길은 1960년 경상남도 고성에서 태어났습니다. 세 살 때 부모를 따라 경기도 의정부로 이주했는데 도봉산 중턱의 산기슭에 자리 잡은 집이었습니다. 어렸을 때 남들과 달리 산에 사는 것이 너무 싫고 불만이 커서 부모님을 원망할 정도였습니다. 산이라는 자체가 싫었습니다. 산에서의 생활은 버텨 내기도 힘들고 고생이 이만저만이 아니었습니다.

그러나 어린 나이에 어쩔 수 없는 일이었습니다. 산에 살면서 산을 피할 수는 없는 노릇이어서 산이 곧 그의 놀이터가 될 수밖에 없었습니다. 산자락을 뛰어다니고, 바위에 오르고, 나무에 매달리는 것이 그의 유일한 놀이였습니다. 그러면서 차츰 산과 친해지게 되고, 자신의 몸도 산 생활에 맞게 적응해 나갔습니다.

그가 사는 집 근처에는 커다란 암벽 지대가 있었는데 암벽을 타는 전문 산악인들이 많이 찾는 곳이었습니다. 엄홍길은 어렸지만 그들과 어울릴 수 있었고 그들을 따라 자신도 암벽을 타면서 큰 재미를 느꼈습니다. 뿐만 아니라 점점 암벽 등반에 빠져들면서 좀 더 과감한 도전을 하고 싶어졌습니다. 그러한 꿈이 마침내 히말라야의 8,000미터급, 세계에서 가장 높은 봉우리들에 도전하고 말겠다는 구체적인 목표를 갖게 했습니다.

그는 대학 생활, 군대 생활을 하면서도 이러한 꿈과 목표를 접지 않았습니다. 그리고 1985년 그가 26세가 되었을 때, 히말라야 도전을 구체적으로 실천에 옮기기 시작했습니다. 모든 준비를 끝내고 마침내 1986년, 높이 8,848미터의 세계 최고봉인 에베레스트 도전에 나섰습니다. 이제 20대 중반의 새파란 젊은이로서 과감하고 무모할 만큼 엄청난 도전이었습니다.

엄홍길이 히말라야에 도전하면서 곧바로 절실하게 느낀 것은 자연이란 위대하며 가혹하고 준엄하다는 것이었습니다. 인간이 객기나 오기로 자연에 도전한다는 것이 얼마나 어리석은 짓인가를 진지하게 깨달았습니다. 그것은 인간의 참다운 의지로도 어려운 일이었습니다. 자연은 쉽게 인간의 무모한 도전을 허락하지 않았습니다.

그야말로 죽음을 무릅쓰고 에베레스트 정상을 향해 온힘을 쏟았으니 정상을 900미터쯤 앞두고 있을 때, 뒤따르던 도루지라는 이름의 셀파가 보이지 않았습니다. 정상을 코앞에 두고 도루지가 실종된 것입니다. 도루지의 시신은 끝내 찾을 수가 없었습니다.

엄홍길은 죄인의 심정으로 도루지의 고향 팡보체를 찾아가 그의 어머니와 아내를 붙잡고 펑펑 울며 사죄했습니다. 도루지는 당시 스무 살로 신혼 3개월째였습니다. 엄홍길은 너무나 안타까웠습니다. 눈물로 사죄했다고 끝내서는 안 된다는 마음이었습니다. 과연 무엇으로 사죄할지, 어떻게 사죄할지, 오랫동안 고심하던 엄홍길은 팡보체에 학교를 세워 도루지를 기념하기로 결심했습니다.

그의 결심에 따라 2010년 팡보체에 학교가 세워졌습니다. 이름하여 '팡보체 휴먼스쿨'입니다. 세계 최초로 에베레스트 정상에 올랐던 힐러리 경이 운영하는 '힐러리 재단'에서 1963년에 학교를 세웠던 곳에 엄홍길이 학교를 세웠습니다. 무려 50년 긴 세월이 흘러 학교는 폐허가 되고 공터만 남아있었는데, 엄홍길이 그곳에 다시 학교를 세운 것입니다.

그와 함께 엄홍길은 히말라야 14좌에 모두 도전할 것을 결심했고, 하나씩 실천에 옮겼습니다. 그러면서 그는 처음 에베레스트에 도전할 때 느낄 수밖에 없었던 자연에 대한 경외심을 언제나 다시 느껴야만 했습니다. 그는 이렇게 말했습니다.

"산에 오르는 것은 인간의 의지만으로 되는 것이 아니더군요. 아무리 능력이 있고, 정신력, 체력, 기술을 모두 갖췄어도 감히 거스를 수 없는 대자연의 힘, 자연의 에너지와 같은 존재가 있다는 것을 느꼈습니다."

그래서 그는 히말라야의 봉우리에 오를 때마다 수도승과 같이 경건한 마음을 가졌다고 했습니다. 자신이 산과 하나가 될 때, 산이 받아줘야만 정복이 가능하다고 했습니다.

그는 히말라야의 14좌에 끊임없이 도전하며 수없이 실패했습니다. 굳이 전적을 따지자면 모두 38번이나 도전했습니다. 그 가운데 18번을 실패하고 20번 성공했습니다. 전적이 20승 18패라고 할까요? 성공률이 절반이 좀 넘을 뿐이었습니다. 실패는 단지 '실패'라는 말 한 마디로 끝나는 것이 아니었습니다. 동생처럼 아끼던 셀파가 죽기도 하고, 동료 대원이 죽기도 했습니다. 엄홍길 자신도 수없이 죽을 고비를 넘겼고, 여러 차례 큰 부상을 당해야 했습니다. 심한 동상으로 엄지발가락과 검지발가락 일부를 잘라내야만 했습니다. 그의 발은 발끝이 뭉뚝하게 잘려 있습니다.

그럴 때마다 엄홍길은 "히말라야의 신이 노했습니다."라고 했습니다. 미친 정복자에게 내린 '히말라야의 분노'라고 생각했습니다. 대원이나 셀파가 목숨을 잃고 정복에 실패하는 큰 고난을 겪을 때마다 그는 "다시는 오지 않겠다."고 울면서 다짐했지만 그는 결국 또다시 도전에 도전을 되풀이했습니다.

엄홍길은 자신의 최악의 도전으로 주저 없이 안나푸르나(8,091m) 정복을 손꼽았습니다.

"나를 가장 두렵게 만들었던 봉우리는 다섯 번 도전 끝에 정상을 허락한 안나푸르나 봉입니다."

네 차례나 연거푸 도전했다가 처절한 실패를 맛봤던 봉우리가 안나푸르나 봉입니다. 세 번째 도전에서는 셀파가 목숨을 잃었고 네 번째 도전도 처절한 고난 끝에 실패했습니다. 엄 대장보다 앞서 오르던 셀파가 실수로 추락하는 응급 상황이 벌어졌습니다. 뒤따르던 엄 대장이 셀파와 함께 묶여 있는 로프를 잡았지만 멈추지 않고 계속 추락했습니다.

엄 대장은 장갑이 타들어가고 손에서 피가 터져 나오는 상황에서도 로프를 놓지 않았습니다. 그때 무엇인가 갑자기 엄 대장의 오른쪽 다리를 딱 하고 때리며 순식간에 몸이 공중으로 솟구쳐 올랐습니다. 그리고 밑으로 떨어져 눈 속에 처박혔습니다. 엄 대장이 필사적으로 로프 줄을 붙잡고 버틴 덕분에 추락의 위기를 넘긴 셀파가 달려와 그를 부축해서 일으켜 세웠습니다. 그런데 엄 대장의 발이 180도 뒤로 돌아가 있었습니다. 발 앞쪽이 뒤로, 발뒤꿈치가 앞으로 뒤틀린 것입니다.

셀파가 급히 엄 대장의 발을 억지로 되돌렸습니다. 하지만 그는 걷지 못하고 앞으로 고꾸라지고 말았습니다. 오른쪽 다리뼈가 두 동강이 나서 발이 덜렁덜렁 매달려 엄청난 고통이 밀려왔습니다. 할 수 없이 주변에 있는 크레바스를 표시했던 폴대와 로프로 다리를 묶고 무릎으로 기어 산을 내려가기 시작했습니다. 그 지점이 안나푸르나 정상을 약 400미터 앞두고 있는 7,700미터 지점이었습니다.

그때 사고 상황을 파악한 캠프에서는 "엄 대장이 드디어 죽는구나." 하며 모두 절망했습니다. 그러나 엄 대장은 아무도 도와줄 수 없는 상황에서 걷지도 못하고 다리를 질질 끌며 기어서 2박 3일 만에 캠프에 도착했습니다. 한마디로 기적이었습니다. 그는 즉시 한국으로 이송되어 긴급 수술을 받았고 수술이 끝난 뒤에 담당 의사는 그에게 걸어 다닐 수는 있겠지만 이제 산에는 못 간다고 했습니다.

통상적으로 7,700미터 정도의 지점에서 그런 부상을 당하면 대부분 목숨을 잃는다고 합니다. 그런데 엄 대장은 어떻게 살아났을까요. 그것은 육체의 힘이 아니라 정신의 힘 때문이었습니다.

그는 죽음의 길목에서 간절하게 살아야 한다는 목표를 정하고 자기 암시를 걸었다고 했습니다. 먼저 간 동료들과 아내, 그리고 두 아이에게 울면서 절규했습니다.

"나는 반드시 살아서 돌아갈 거다. 난 포기하지 않는다. 내게 용기를 다오!"

그렇게 생존하고 말겠다는 자기 암시가 마침내 엄 대장을 살린 것입니다.

그는 2000년 7월, 히말라야 14좌를 완전히 정복하는 데 성공했습니다. 히말라야에 도전을 시작한 지 불과 15년 만이니까 거의 매년 히말라야의 8,000미터 급의 최고봉들을 정복한 것입니다. 실로 놀라운 기록이 아닐 수 없었습니다. 우리나라 등반사에 찬란한 업적을 이룩했을 뿐 아니라, 아시아에서도 최초이며 세계의 등반사에도 놀라운 업적을 기록한 것입니다.

그러나 엄 대장은 그것으로 만족하지 않았습니다. 온 나라에서 각광을 받으며 바쁜 나날을 보내야 했던 그는 한숨을 돌린 뒤, 세계 등반 사상 최초로 히말라야 16좌 정복을 계획했습니다. 익숙하지 않은 얄룽캉, 로체샤르 봉에 대한 자료들을 수집하고 빈틈없이 준비를 갖춘 후, 2004년, 15번째로 얄룽캉 봉의 등정에 나서 성공을 거두었습니다.

그 무렵이었습니다. 그가 얄룽캉 봉을 정복하고 귀국한 지 얼마 뒤였습니다. 뜻밖에 에베레스트 등반 사고 소식을 들었습니다. 박무택 대원을 비롯한 대구 계명대 등반대가 에베레스트 등정에 도전했습니다.

그러나 2명이 정상을 정복하고 하산하는 도중에 박무택 대원이 갑자기 설맹(지속적으로 흰 눈이 햇빛에 반사되어 순간적으로 시력을 상실하는 것)에 걸려 앞을 볼 수 없게 되며 추락해서 자일에 매달린 채 안타까운 죽음을 맞게 된 것입니다. 후배 한 명이 있었으나 도저히 도울 수 없는 상태였으며 자칫하면 후배마저 위기에 빠지게 될 것을 염려한 박무택 대원이 억지로 후배를 내려 보내고 혼자서 죽음을 맞이한 것입니다. 자일에 묶여 바위 아래로 매달린 박 대원을 아무도 구조하는 것은 물론 시신조차 수습할 수 없었습니다.

이 비보를 들은 엄홍길 대장은 큰 충격을 받았습니다. 박 대원은 엄 대장도 잘 알고 있는 산악 동료였습니다. 자신이 시신이라도 수습하기로 결심했습니다. 산 정상으로 향하는 길목에 매달려 있는 시신을 그대로 두면 바위처럼 얼어붙어 버릴 것 같았습니다. 그는 서둘러 시신 수습을 위한 휴먼 원정대를 꾸렸습니다. 그리고 2005년 5월 악전 고투 끝에 시신 수습에 성공했습니다.

엄 대장이 히말라야 16좌 가운데 마지막으로 로체샤르 봉의 정복에 성공한 것은 2007년 5월이었습니다. 20여 년 동안 오로지 히말라야 도전에 매달려 청춘을 불살랐던 그는 자신이 위업을 달성하도록 허락해 주고 은혜를 베풀어 준 히말라야 산에 감사했습니다. 무엇으로든 보답하고 싶었습니다.

그는 수없이 히말라야를 오르내리며 생각했던 목표를 실행에 옮기기로 했습니다. 히말라야가 자신에게 은혜를 베풀었던 만큼, 자신도 남에게 은혜를 베풀겠다는 자신과의 약속을 지키기로 했습니다.

세계 최초로 히말라야 16좌 정복은 국내는 물론, 온 세계에서 큰 관심을 받았고, 엄 대장은 유명 인사가 되어 너무 바쁜 나날을 보내야 했습니다. 2007년 그가 태어난 고향인 경상남도 고성의 계류산 자락에 '엄홍길 전시관'이 세워졌습니다. 길목에는 '고성이 낳은 히말라야의 영웅 엄홍길'이라는 기념비도 세워졌습니다. 너무나 자랑스러운 일이었습니다.

그는 자신과의 약속을 실천에 옮기기 위해, 2008년 '엄홍길 휴먼 재단'을 설립했습니다. 가장 큰 사업은 개발도상국의 뒤진 교육을 지원하고, 산악인 유가족들을 지원하는 사업이었습니다. 그리고 그 첫 사업으로 2010년, 자신과 함께 에베레스트에 오르다가 목숨을 잃은 셀파 도루지의 고향 팡보체에 휴먼 스쿨 1호를 세웠습니다.

그의 목표는 그가 히말라야 16좌를 정복했던 것을 기려, 휴먼 스쿨 16호까지 세우는 것입니다. 그는 "그것이 저의 제2의 인생 목표입니다. 그것은 저의 히말라야 17좌가 될 것입니다."라고 말했습니다. 현재 휴먼 스쿨 6호를 세우고 있으니 그의 목표는 착실하게 실전되는 섯입니다.

엄 대장은 자신이 목숨을 걸고 끊임없이 산에 오르는 이유에 대해 이렇게 말했습니다.

"꿈을 이루려고 산에 오릅니다. 내 꿈은 산에 오르는 것입니다. 한계를 극복하면서 산에 오릅니다. 죽는 것이 두렵다면 가지 못합니다. 정상에 오르지 못하는 거죠. 혼신을 다해야만 목표를 이룰 수 있습니다."

그는 산에 오르다가 언제 목숨을 잃을지 모르기 때문에 아예 그의 자녀들 앞으로 유서를 써 놓았습니다.

"아빠는 높은 산에 도전하다가 결국 산과 함께 잠이 든다…. 너희가 성인이 되었을 때, 아빠의 도전을 이해할 날이 있을 것이다…."

대략 이런 내용이었습니다.

엄 대장은 그야말로 산에 완전히 미친 사람이었습니다. 안나푸르나의 정상에 오르다가 다리가 부러져 한국으로 이송되어 긴급 수술을 받았을 때, 의사가 "이제 산에는 오를 수 없습니다."라고 했지만, 그는 4개월 만에 스스로 깁스를 풀었습니다. 여전히 무릎과 발목이 구부러지지 않았고, 발목은 젓가락처럼 마른 상태였습니다. 다리뼈에는 철심을 박았습니다.

그는 그런 상태에서 재활 훈련에 들어갔습니다. 사고 5개월 만에 다리를 질질 끌고 북한산 정상에 올랐으며 사고 10개월 만에 완치되지 않은 다리로 안나푸르나에 다섯 번째 도전을 시도했습니다. 히말라야 16좌의 마지막 순서였던 로체샤르의 정복은 세 번이나 실패했고 2명의 동료를 잃었습니다. 3,500미터 90도의 수직 벽을 25시간 동안 발 앞부분만으로 등반해야만 했던 집념과 의지는 어디서 나오는 것일까요?

그것은 바로 '내적 동기의 힘'입니다. 그는 정상을 정복하겠다는 정복자의 오만을 버리고 진정으로 겸손하게 모든 것을 내려놓고 내적인 동기에 따라 자신의 목표에 목숨을 걸었던 것입니다. 그것은 자신의 목숨을 건 진검 승부였습니다. 무엇인가 이루고자 한다면 목숨 건 진검 승부를 벌여야 합니다. 대충 이루어지는 것은 아무것도 없습니다.

엄 대장의 휴먼 재단 동호회원인 한 저명인사는 엄 대장을 이렇게 얘기했습니다.

"그에게는 삶과 죽음이 다르지 않습니다. 항상 죽음과 동행하며 삶의 편에 서 있을 뿐입니다."

엄 대장의 도전 정신은 산뿐만이 아닙니다. 한국외국어대 중국어과를 졸업한 그는 학업에도 계속 도전해서 경희대 체육대학원에서 박사학위를 취득했으며 현재 상명대 석좌 교수입니다.

또한 『8,000미터의 희망과 고독』『엄홍길의 약속』『불멸의 도전』『오직 희망만을 말하라』『꿈을 향해 거침없이 도전하라』 등 여러 권의 책을 써서 "스스로 이겨낸다면 이루지 못할 것이 없습니다."라고 말합니다. 그의 좌우명도 자승최강自勝最強입니다.

'자신을 이겨내는 것이 가장 강한 것이다.'

내적 동기를 심어라

　엄홍길 대장이 히말라야 16좌를 정복할 수 있었던 힘은 '내적인 동기의 힘' 이라고 설명했습니다. 목표를 향한 도전은 누가 시켜서 마지못해 하는 도전이 아니라, 스스로 목표를 설정한 도전, 즉 내적 동기를 유발시켜서 해내는 도전이어야 합니다. 내적인 동기를 가진 도전이 목표 달성에 얼마나 큰 영향력을 발휘하는지 한 가지 예를 들어보겠습니다.

　어느 심리학자가 연구실에서 열심히 연구를 하는데 주말이 되면 어린이들이 연구실 옆 공터에서 축구를 하며 떠들기 때문에 집중할 수가 없었습니다. 그래서 심리학자는 한 가지 실험을 해보기로 했습니다.
　어느 날 심리학자는 마구 소리치며 축구에 열중하고 있는 아이들을 불렀습니다.
　"너희들이 축구하는 모습을 보니 마음이 아주 뿌듯하구나. 너희들의 씩씩한 모습에 나도 저절로 힘이 솟는 느낌이란다. 땀 흘리며 축구하느라고 힘들 텐데 이 돈으로 맛있는 것 사먹어라."
　그러면서 심리학자는 아이들에게 10달러를 주었습니다. 그리고 한 주가 흘러 다음 주 주말이 되자, 역시 아이들이 떠들며 축구하는 소리가 들렸습니다. 그는 다시 아이들을 불러 모았습니다.

"미안해서 어쩌지? 오늘은 내가 돈이 별로 없구나."

그는 주머니에서 5달러를 꺼내 아이들에게 주었습니다. 또 한 주가 흘렀습니다. 심리학자가 공터에 나타나자 부르지도 않았는데 아이들이 그의 주변으로 모여들었습니다. 그는 무척 난감한 표정을 지어보이며 아이들에게 말했습니다.

"미안해서 어쩌지? 오늘은 돈이 없어서 너희들한테 줄 수가 없구나. 대신 내가 힘차게 응원해 줄 테니 신나게 축구를 하거라."

그랬더니 한 아이가 심리학자에게 불만스럽게 말했습니다.

"우리들도 공 차는 게 얼마나 힘든지 아세요? 그런데 아무것도 안 줘요? 우리가 축구할 곳이 여기밖에 없는 줄 아세요? 이제부터 여기 안 올 거예요."

"얘들아. 다른 데로 가서 축구하자."

아이들이 모두 공터를 빠져 나갔고 그 후 다시는 공터에 나타나지 않았습니다.

심리학자는 조용한 분위기에서 연구에 집중할 수 있었습니다. 왜 이런 현상이 생길까요? 바로 '외적 동기'가 개입했기 때문입니다. 아이들이 연구실 옆의 공터에서 축구를 한 것은 순수한 '내적 동기' 때문입니다. 누가 시켜서 한 것이 아니라 자기들이 좋아서 신나게 축구를 한 것입니다. 그런데 축구를 하니까 어떤 할아버지가 돈을 주기 시작한 것입니다.

그 순간부터 아이들은 축구가 놀이가 아니라 일이 된 것입니다. 오직 축구가 좋아서 한다는 내적 동기를, 보상을 받는 외적 동기로 바꿔 놓았기 때문에 아이들이 축구를 힘들어하기 시작한 것입니다. 즐겁던 축구가 외적 동기의 영향으로 노동이 되어버린 셈입니다.

누구나 스스로 정말 원하는 가치 있는 도전이라면 그 출발은 내적 동기에서 비롯되어야 합니다. 그래야만 그 도전을 꾸준히 이어갈 수 있고 그 안에서 즐거움을 찾을 수 있습니다. 쉬운 예로 어린이들이 부모의 강요에 못 이겨 억지로 하는 공부는 능률이 오르지 않습니다. 자기 스스로 공부를 해야겠다는 내적 동기가 있어야 능률도 오르고 공부가 재미있는 것과 마찬가지입니다. 외적 동기 때문에 시도하는 노력과 도전은 결코 오래가지 않습니다.

엄홍길 대장의 세계 최초 위업 달성은 외적 동기가 내적 동기로 변화했기 때문에 가능했던 것입니다. 정복자는 외적 동기였고, 목숨을 건 진검 승부사는 내적인 동기였습니다.

그는 이렇게 말합니다.

"삶과 죽음은 한 몸이다. 사람은 한 번은 죽는다. 나는 내 꿈을 향해 목숨을 건다."

우리도 엄 대장처럼 목숨을 담보로 우리의 꿈을 향해 돌진한다면 이루지 못할 꿈이 없습니다. 전 세계에서 히말라야 14좌를 정복한 사람은 지금까지 모두 16명입니다. 그 가운데 한국인이 엄 대장을 비롯해서 3명이나 됩니다. 우리는 그만한 도전 정신과 능력을 가진 대단한 민족입니다. 우리 민족 누구라도 무엇엔가 목숨을 걸고 도전한다면 못할 것이 없습니다.

엄 대장에게 다시 태어난다고 해도 산악인의 길을 다시 걷겠느냐고 물었습니다.

"산은 나한테 어머니이고 인생의 스승입니다. 산은 나를 가르치고 깨우쳐 준 스승이기 때문에 다시 태어나도 이 길을 갈 겁니다."

엄 대장처럼 자기 목표에 대한 확고한 신념, 굳은 의지, 목숨을 내건 불굴의 도전 정신이 있다면, 그 누구라도 자신이 원하는 것을 얻을 수 있습니다. 먼저 자신에게 그러한 목표가 있는지 확인해 보십시오. 분명히 확실하고 구체적인 목표가 있다면 그것에 목숨을 거는 겁니다. 그리고 주저하지 말고 도전해야 합니다.

[평강한의원
이환용 원장]

초점과 목표

빛이 한 군데로 모여야 강력한 힘을 발휘하는 것처럼 우리 인생
도 몰입이 이루어질 때, 비로소 놀라운 성과가 나오기 시작합니
다. 몰입을 위해서는 무엇보다 먼저 목표가 분명해야 합니다. 그
래야만 초점을 맞춘 삶을 살 수 있습니다. 확실한 목표는 열정을
낳습니다.

8전9기의 인생 역전

평강한의원 **이환용** 원장

이환용 원장을 인터뷰한 것은 저녁 시간이었습니다. 영락없는 시골 아저씨 같은 이환용 원장이 자신의 인생 이야기가 나오자 순식간에 달변가로 변해서 끝도 없이 자신의 삶에 관한 이야기보따리를 풀어 놓았습니다.
인터뷰가 자정이 넘어서야 끝났습니다.

이환용은 널리 알려진 '평강한의원' 원장이자, 굴시의 사립 식물원인 '평강식물원' 원장입니다. 그는 한의대 시험에 무려 8번이나 떨어지고 9번 만에 합격했습니다. '7전 8기'라는 말이 있지만 그는 8전 9기입니다. 사법고시에 그처럼 무수히 떨어진 것도 아니고, 대학 입시에 8번이나 떨어지면서 포기하지 않고 매달렸던 이유는 무엇일까요?

그것은 이 원장에게 '불굴의 도전'이라는 독특한 DNA가 있기 때문입니다. 끝까지 포기하지 않고 끊임없는 도전 끝에 마침내 자신의 인생을 역전시키고 성공으로 이끈 것입니다.

그는 충청남도 서산의 산골에서 태어났습니다. 너무나 가난해서 끼니조차 잇기 어려웠습니다. 더구나 이 원장이 불과 세 살 때 아버지가 돌아가셔서 가정 형편은 비참할 정도였습니다. 세 살 때부터 지게를 져야 할 지경이었습니다. 그는 이렇게 어린 시절을 회상했습니다.

"뭐라고 말할 수 없을 정도로 가난했습니다. 순간순간이 고통의 연속이었죠. 그런데 지나고 보니까 그 고통이 나를 만들어 준 것을 알게 됐습니다. 그 고통이 제 인생의 자산이었던 겁니다. 그것을 몰랐더라면 아마 저의 인생은 반쪽 인생이 됐을 겁니다."

그가 세 살 때 돌아가신 아버지는 겨우 33세였습니다. 6·25 참전 용사로 전쟁 중에 큰 부상을 입은 지 7년 만에 세상을 떠난 것입니다. 이 원장의 누나는 초등학교 4학년 때 학교를 그만둬야 했습니다. 그 당시 이 원장이 살던 동네는 6·25 한국전쟁 피난민들이 모여 사는 '농장마을'이라고 불리는 마을이었습니다.

당연히 주민들은 대부분 북쪽에서 내려 온 피난민들이었습니다. 그들은 외국에서 원조로 들어오는 옷과 음식으로 연명했습니다. 아이들은 농장마을에 산다는 이유만으로 놀림의 대상이 되기도 했습니다. 어린 이 원장은 아이들과 같이 어울려 놀고 싶어도 아버지가 없을 뿐 아니라 농장마을에 사는 아이라고 무시하며 끼워주지도 않았습니다. 아이들이 축구놀이를 하면 지켜보다가 공이 빗나가면 주워다 주는 것으로 만족해야 했습니다.

이 원장이 중학교 때 농장마을이 목장으로 개발되면서 마을이 없어지고 그곳에 살던 사람들은 뿔뿔이 흩어져야 했습니다. 이 원장의 가족은 서울로 이사했습니다. 그런데 고등학교 2학년 때 교통사고로 다리를 크게 다쳐 병원에 6개월 동안이나 입원했었고, 그 뒤 1년 동안 목발을 짚고 다녀야 했습니다. 다리의 통증이 오래도록 가라앉지 않아서 무척 고통스러웠습니다.

그러던 어느 날, 우연히 라디오를 듣게 됐는데 다리의 통증이 지압으로 나을 수 있다는 것이었습니다. 라디오에서 소개한 곳을 찾아가 지압을 받으려 했지만 치료비가 너무 비싸 지압 치료를 받을 수 없었습니다. 그는 자신의 처지를 설명하고 지압법을 가르쳐 달라고 사정했습니다. 어린 학생의 끈질긴 간청에 지압사가 지압법을 가르쳐주기 시작했습니다.

지압을 받으며 한의원에 가서 침을 맞아야 했는데 침술료가 너무 비싸 그것 역시 침술을 가르쳐 달라고 통사정해서 침술사 곁에서 어렵게 침술을 배웠습니다. 그러면서 스스로 지압을 하고 자신에게 침을 놓으며 차츰 다리가 나아가는 것을 경험하게 됐습니다. 그는 깨달았습니다. 병원에서 양방 치료로 힘든 것이 한의원에서 치료가 되는 것에 탄복하고 장차 한의사가 되기로 결심했습니다.

그러나 가정 형편이나 학업 성적이 대학에 진학하기에 많이 부족했습니다. 어려운 환경에서 나름대로 열심히 공부했지만 대학 시험에 낙방했습니다. 그는 온갖 아르바이트를 하면서 재수했습니다. 다른 친구들이 아침부터 저녁까지 오직 공부만 하는 것이 너무 부러웠습니다.

일 년 동안 재수를 하고 다시 대학 입시에 도전했습니다. 다른 재수생 친구들은 시험이 끝나기가 무섭게 술 마시고 놀러 다녔지만 그는 곧바로 공부에 매달렸습니다. 왜냐하면 또 떨어질 것이 뻔했기 때문입니다. 그의 예상대로 그다음 해에도 또 낙방했습니다.

그 무렵, 누나가 결혼했고, 이 원장은 집을 나왔는데 갖고 있는 돈은 3천 원이 전부였습니다. 그마저 떨어지면 굶어죽을 상황이었습니다. 그는 그 때부터 무면허 의료 행위로 생계를 유지했습니다. 친구 어머니를 침과 지압으로 치료해 드리고 그 수고비로 끼니를 해결했습니다.

재수 학원에서 우연히 중학교 때 친구를 만났는데, 그 친구는 학원에서 지도원이라는 학원도우미 아르바이트를 하고 있었습니다. 학원의 허드렛일을 해주면서 공짜로 수업을 들을 수 있는 것입니다. 이 원장은 그 동창의 친구들을 대상으로 무면허 의료 행위를 했습니다.

영어 지도원을 치료해서 몸이 낫자 영어를 공짜로 들을 수 있었고, 수학 지도원도 치료해줘 수학도 공짜로 들었습니다. 학원의 지도부장 부인을 치료해줘 전 과목을 공짜로 들을 수 있었습니다. 더구나 학원 강사들을 치료해줘 수업도 공짜로 들을 수 있었을 뿐 아니라, 수고비를 받아 그럭저럭 생활을 해 나갈 수 있었습니다.

하지만 세 번째 대학 입시에서도 또 떨어졌습니다. 징집 영장이 나오고 어쩔 수 없이 군에 입대했습니다. 군에 갈 때 영어 사전을 가지고 가서 40분 훈련받고 20분 쉴 때마다 공부했습니다. 수통 케이스에 영어 사전을 넣고 다니면서 영어 공부를 했습니다. 지압을 잘하고 침을 잘 놓는다는 사실이 알려지면서 부대장 관사 당번병을 하게 되어 부대장의 배려로 더욱 열심히 입시 공부를 할 수 있었습니다. 그래도 또 불합격했습니다.

한의학과가 있는 대학들, 원광대, 동국대, 경희대, 대전한의대 등 모든 대학에 지원했지만 8번 모조리 떨어졌습니다. 그리고 마침내 9번째로 동국대 한의대에 합격했습니다. 그야말로 8전 9기였습니다. 그때 이 원장의 나이 28세로 최고령 재수생으로 합격한 것입니다. 집념의 승리였습니다.

'초점을 맞추면 강철도 뚫는다'는 말이 있습니다. 초첨을 맞추는 것의 힘은 빛을 통해서 알 수 있습니다. 넓게 흩어진 빛은 힘이나 영향력이 크지 않습니다. 하지만 빛의 초점을 맞추면 에너지를 모을 수 있습니다. 돋보기를 통해서 태양빛을 모아 잔디나 종이 따위를 쉽게 태울 수 있습니다. 레이저 광선처럼 빛이 더 강하게 하나의 초섬으로 모아지면 정말 강철도 뚫을 수 있습니다.

빛이 한 군데로 모여야 강력한 힘을 발휘하는 것처럼 우리 인생도 몰입이 이루어질 때, 비로소 놀라운 성과가 나오기 시작합니다. 몰입을 위해서는 무엇보다 먼저 목표가 분명해야 합니다. 그래야만 초점을 맞춘 삶을 살 수 있습니다. 확실한 목표는 열정을 낳습니다.

이환용 원장은 반드시 한의과 대학에 가고 말겠다는 분명한 자신의 목표가 있었으며 그러한 목표를 달성하기 위해 몰입했던 것입니다. 그리고 열정을 다해 목숨을 걸고 도전했던 것입니다. 그보다 더 강력한 것은 없습니다. 그는 결국 자신의 꿈을 이루었습니다.

이 원장은 한의과 대학 본과 3학년 때, 초등학교 교사였던 아내를 만났습니다. 나이 서른이 훌쩍 넘어선 이 원장은 지금의 아내로부터 '거지 학생'이라는 놀림을 받았습니다. 월세 4만 원짜리 허름하기 짝이 없는 방에서 생활했으니까 그럴 만했습니다. 아내가 거지 학생에게 먼저 결혼하자고 했습니다.

이 원장이 결혼하고 싶어도 돈이 없어서 못한다고 하자, 아내는 "결혼 비용은 내가 모두 준비하겠다."라고 해서, 아내의 도움으로 결혼했습니다. 지금도 그는 아내의 도움으로 성공할 수 있었다고 서슴없이 말합니다. 그는 아내를 '바보온달을 찾아온 평강공주'라고 부릅니다. 그래서 그의 한의원도 '평강한의원' 식물원도 '평강식물원'입니다.

그는 이왕이면 서울 강남에서 한의원을 개업하고 싶었습니다. 그는 어느 여름, 한의사 자격 국가고시 공부를 하다가 강남을 다녀오겠다고 집을 나섰습니다. 이 원장은 자신의 목표를 이룰 장소를 확인하고 싶었던 것입니다. 한의사로서 크게 성공한 자신의 미래를 자신의 뇌 속에 각인시키고 싶었던 것입니다. 자신이 성공한 이미지를 뇌 속에 저장하면 공부에 더 집중하게 될 것은 자명한 일이었습니다.

그가 버스 토큰 두 개를 들고 찾아간 곳은 서울 강남의 만화가게 점포가 있는 곳이었습니다. 이 원장은 꼭 그 자리에서 한의원을 하고 싶었습니다. 그 뒤 국가고시에 합격하고 다시 찾아갔더니, 마침 점찍어 놓았던 점포의 만화가게는 사라지고 임대용으로 나와 있었습니다.

이 원장은 앞뒤 가릴 것 없이 당장 계약하고 싶어서 아내에게 40만 원을 얻어냈습니다. 그때 마침 부동산을 하는 고등학교 때의 친구가 찾아와 그와 함께 다시 달려갔습니다. 그리고 건물 주인에게 40만 원을 내밀며 계약하자고 했더니 주인이 벌컥 화를 냈습니다.

"아니, 이 건물이 수억짜리 건물인데 겨우 40만 원을 가지고 계약하자니 장난하는 거요?"

그때 얼떨결에 따라온 부동산하는 친구가 마침 2천만 원을 갖고 있어서 그 돈으로 계약을 할 수 있었습니다. 그리고 은행 열 곳을 들러 몇 차례 대출을 받아 완전히 빚으로 한의원을 개업했습니다. 그것이 '평강한의원'의 출발이었습니다. 하지만 개업하고 한동안, 찾아오는 환자가 거의 없어 운영이 어려울 지경이었습니다. 교사인 아내의 월급날이 월세 내는 날이었습니다. 아내가 투덜거렸습니다.

"한의사한테 시집가면 잘산다는데 거지 학생 때나 다를 바가 없네요."

더없이 어려운 상황에서 이 원장이 특별한 코약을 개발했습니다. 그가 재수생 시절, 공짜로 침을 놓아드리고 도와드리며 알고 지내던 할머니가 어떤 나무를 갖고 와서 콧병에 잘 낫는 나무라며 구해다 달라고 부탁했습니다. 살펴보니 참느릅나무였습니다. 이 원장은 참느릅나무껍질을 구해 할머니에게 드렸는데, 할머니가 그 나무껍질을 달여 먹고 축농증을 깨끗이 치료한 기억이 있었습니다.

이 원장은 참느릅나무 껍질에 각종 약재를 섞어 연구를 거듭한 끝에 7년 만에 새로운 코약을 개발한 것입니다. 이름하여 '청비환'이었습니다. 비염 치료에 탁월한 효과가 있어서 알레르기성 비염이나 축농증 치

257

료제로 크게 각광을 받으며 대박이 터졌습니다. 그는 청비환 하나로 아주 큰돈을 벌었습니다.

그는 큰돈을 손에 넣게 되자, 고향의 앞동산이 생각났습니다. 너무 가난해서 어린 시절 고통의 나날을 보냈지만 고생한 사람일수록 오히려 고향이 더욱 그립기 마련입니다. 하지만 그를 키웠던 고향 앞동산은 일찍이 개발되어 흔적조차 없이 완전히 사라졌습니다. 그는 고향의 앞동산을 되살리고 싶었습니다. 그것은 그의 오랜 꿈이기도 했습니다.

이 원장은 처남이 고등학교 3학년 때,

"원예학과를 가라. 너 나중에 내가 식물원을 하게 되면 도와줘야 하거든."

하며 고향 앞동산을 되살리는 식물원을 하고야 말겠다는 꿈을 간직하고 있었습니다. 물론 모두 말렸습니다. 처남이 말하기를,

"저런 집에 살면서 식물원은 무슨…" 하며 비웃다시피 했고, 장인어른조차 "자네 처지를 알게." 하며 타일렀습니다.

이 원장은 또 다른 도전을 시작했습니다. 반드시 넓은 땅을 사서 잃어버린 고향, 사라진 고향을 찾겠다는 일념으로 마땅한 땅을 찾아 전국을 돌아다녔습니다. 당연히 아내의 반대가 무척 심했습니다. 가까운 사람들에게,

"남편이 이상해졌어요. 남편이 미쳤어요."

하며 걱정했고, 이 원장에게 직접,

"당신은 한의사이고, 나는 교사인데, 전혀 관계도 없고, 연관도 없는

무슨 식물원이냐?"

하며 강하게 반대했습니다. 그런 아내를 데리고 열흘 동안 유럽 여행을 떠났습니다. 아내는 영문도 모르고 좋아했는데, 사실 유럽의 유명한 식물원들을 탐방하는 여행이었습니다. 함께 여행한 사람들도 모두 식물학자들이었습니다. 그 여행에서 아내가 식물원에 완전히 매료당하고 말았습니다. 지금은 부인이 남편보다 더 열성적으로 변신했습니다. 그녀는 고려대 환경생태공학과에 들어가 석사학위까지 받았습니다.

그들은 함께 국내외의 수많은 식물원들을 직접 찾아가 살펴보며 자신들의 꿈을 키웠습니다. 종자 채집, 온실 제작, 정원 조성 등 식물원 운영에 필요한 갖가지 노하우를 하나하나 직접 익혀 나갔습니다.

드디어 이 원장 부부는 경기도 포천에 땅을 사서 2006년 '평강식물원'을 세웠습니다. 규모가 약 60만 제곱미터, 약 18만 평이나 되는 국내 굴지의 사립 식물원입니다. 투자 비용만 하더라도 100억 원 이상이 들어갔다고 합니다.

현재 평강식물원에는 히말라야 자생식물을 비롯해서 1,000여 종의 고산식물, 희귀한 자생식물 등 약 7,000여 종의 각종 식물들이 자라고 있습니다. 또한 고층 습지, 고산 습원, 암석원, 이끼원, 습지원 등 12개의 테마정원이 있으며 열 명의 직원과 아르바이트생들까지 합치면 50여 명이 이 식물원에서 일할 정도의 대규모 자연 생태식물원이 되어 있습니다. 이 원장 부부는 아직 자기 집이 없이 월세를 살면서 식물원에 몰두하고 있습니다.

259

이 원장은 이렇게 말합니다.

"내가 어떻게 보면 식물의 도움으로 성공하고 돈을 벌었으니까, 식물을 사랑하고 보전하기 위해 돈을 쓰면서 은혜를 갚는 셈이죠. 또한 내가 고향을 떠나온 뒤, 항상 마음속에 간직해 온 꿈, 고향 마을의 앞동산이 개발되어 사라진 것을 보면서 언젠가 돈을 벌어서 꼭 다시 살려내겠다고 다짐했는데 그 꿈을 이룬 것입니다."

먹고 살기조차 힘들 정도로 지독하게 가난했던 이 원장의 8전 9기 신화가 완성된 것이라고 할 수 있습니다. 어떤 목표를 세우고 그 한 가지를 붙들었으면 절대 포기하지 않고 집중했을 때 큰 성과를 가져온다는 것을 이 원장의 성공 신화를 통해 잘 알 수 있습니다.

성공하고자 한다면 도전하지 않으면 안 됩니다. 자신을 가두고 있는 장애물들로부터 자신을 탈출시키고 도전해야 합니다. 그래야 미래가 있습니다. 어떤 장애물에 갇혀 있으면 미래는 있을 수 없습니다.

스스로 진정 원하는 목표가 있다면, 그 목표를 향한 도전에 주저하지 말아야 합니다. 포기하지 않으면 마침내 길이 열립니다. 이환용 원장이 대학에 8번이나 떨어졌지만 결코 포기하지 않았기 때문에 9번 만에 합격할 수 있었으며, 그것이 한의사로서 자신의 꿈을 이루게 했습니다. 또한 그의 또 다른 목표이자 소망이었던 국내 굴지의 사립 식물원을 이루어 내게 했습니다.

포기하지 않으면 뚫린다

　이환용 원장처럼 끝까지 포기하지 않아서 결국 꿈을 이룬 사람이 있습니다. 미국의 대니얼 세디키라는 청년입니다. 서던 캘리포니아 대학에서 경제학을 전공한 세디키는 3년 동안 무려 2,000여 통의 이력서를 쓰고 40여 차례 면접을 봤지만, 그를 채용하겠다는 회사는 단 한 곳도 없었습니다.

　그는 좀처럼 이해가 되지 않았습니다. 면접관들 앞에서 프레젠테이션을 하고 나면, 대부분 긍정적인 반응을 보였는데 왜 한 번도 합격 소식을 듣지 못했는지 궁금했습니다. 그가 그 까닭을 알아보니 입사하기에는 경험이 부족하다는 것이 한결같은 이유였습니다.

　세디키는 자신의 인생에 무엇인가 새로운 전환점이 필요하다는 것을 깨달았습니다. 경험이 부족하다는 지적도 크게 작용했습니다. 그는 낯선 곳에서 지금까지 자신이 경험하지 못한 새로운 체험과 일자리를 찾고, 새로운 문화를 경험한다면 과연 어떤 느낌일까, 호기심이 생겼습니다.

　이를테면 미국의 각 지방마다 그 지방의 특징적인 일을 체험하는 것이었습니다.

　'오리건에서 벌목을 해보면 어떨까? 시카고에서 기차와 관련된 직업을 가져 본다면? 플로리다의 놀이공원에서 일해 보는 것도 새로운 경험이 될 거야.'

그런 생각을 하니 가슴이 설레었습니다. 생각할수록 미국에는 자신이 도전해 보지 못한 일자리들이 너무 많다는 것이 느껴졌습니다. 그는 미국의 50개 주를 모두 돌아다니면서 50개의 직업을 체험해 보기로 결심하고, 4개월 동안, 매일같이 16시간씩 전국의 고용주들에게 전화를 걸어 각 주의 특징적인 직업을 가져보고 싶다는 자신의 뜻을 전했습니다.

그리하여 일단 10개 주에서 10개의 일자리가 확정되었습니다. 나머지 40개의 직업은 우선 일을 시작하고 나서 알아보기로 하고 무작정 길을 떠났습니다. 어디서 어떤 일을 하게 될지, 어디서 먹고 자게 될지, 아무것도 알 수 없었습니다. 그는 자신의 낡은 지프차에서 침낭을 펼치고 서너 시간씩 잠을 자며 그를 고용하기로 약속한 지역을 찾아갔습니다.

네브래스카 주에서는 옥수수 농장에서 일을 했고, 위스콘신 주에서는 치즈 공장에서, 애리조나 주에서는 불법 이민자들을 감시하는 국경 경비원으로, 캔자스 주에서는 냉동육 포장을, 웨스트버지니아에서는 광부로 일했습니다. 그뿐이 아니었습니다. 하와이에서는 서핑 강사, 앨라배마에서는 미식 축구팀 코치, 메인 주에서는 가재잡이 어부로 일했습니다. 그 밖에도 가구공장과 철공조 등을 전전하며 그야말로 다양한 직업의 일들을 체험했습니다.

세디키의 이러한 '취업 여행'이 어느 조그만 지역 신문에 소개됐습니다. 그리고 그 기사가 발단이 되어 그의 이야기는 CNN, ABC, FOX-NEWS 등을 통해 미국 전역에 소개되었습니다. 미국인들은 그를 격려하고 아낌없는 박수를 보냈습니다. 또한 그가 50개 주를 돌면서 체험한 50가지 직업 경험을 바탕으로 『까짓 것, 한 번 해보는 거야』라는 제목의 책까지 출판하게 됐습니다.

그는 이 책에서 이렇게 밝혔습니다.

"오랫동안 철저히 직구를 준비해 왔어도, 인생에는 변화구를 던져야 할 때도 있습니다. 나는 실패를 극복하는 과정을 통해 실패를 두려워하지 않는 방법을 배웠습니다."

그는 갖가지 직업을 체험하는 도중에도 무려 5,000번이 넘는 퇴짜를 맞았다고 고백하기도 했습니다. 우리는 그 무엇도 두려울 것이 없었던 세디키의 도전에 아낌없는 박수를 보낼 만합니다.

이환용의 성공 신화를 보면 우공이산愚公移山이라는 중국의 오래된 전설이 생각납니다. 어리석은 영감이 산을 옮긴다는 말로, 남들이 보기에는 어리석은 일처럼 보이지만, 한 가지 일을 끝까지 밀고 나가면 언젠가 목표를 달성할 수 있다는 뜻입니다.

중국에 태형과 왕옥이라는 산이 있었습니다. 두 산은 둘레가 700리로 하나는 남쪽, 다른 하나는 북쪽에 있었습니다. 북쪽 산의 우공이라는 사람은 이 두 산이 가로막혀 돌아다니기 불편했습니다. 그래서 가족 회의를 열어 자식들과 의논 끝에 산을 옮기기로 결정했습니다.

우공의 자식들은 흙을 머리에 이고, 등에 지고 부지런히 나르기 시작했습니다. 그런데 산을 옮기려면 그 많은 흙을 어디에다 갖다 버려야 할 것 아닌가요? 그들은 엄청난 흙을 발해민(한반도 북서쪽의 바다)에 갖다 버렸습니다. 흙을 발해만에 버리고 돌아오는 데 1년이 걸렸습니다. 보다 못한 우공의 친구가 찾아와서 말렸습니다.

"우공, 이것은 정말 어리석은 일일세. 도저히 불가능한 일이야. 더구나 우공의 나이가 지금 90세가 아닌가?"

그러자 우공이 대답했습니다.

"그래, 맞는 말이네. 자네 말대로 나는 아흔 살이니 죽을 때가 됐지. 그렇지만 우리는 이 산을 옮기겠네. 나는 늙었지만 나에게는 자식도 있고 손자도 있다네. 그 손자는 또 자식을 낳아 대대손손 대를 이어가겠지만 산은 더 불어나는 일이 없지 않겠는가? 그러니 언젠가는 산을 평평하게 없애는 날이 오겠지."

그 말을 듣고 친구는 말문이 막혀 돌아갔습니다. 그런데 우공이 산을 옮기려 한다는 소문을 들은 산신령이 긴장했습니다. 산이 없어지면 산신령이 있을 곳이 없어지는 것입니다. 산신령은 옥황상제를 찾아가 우공이 산을 옮기려는 일을 막아달라고 호소했습니다. 그러나 옥황상제는 오히려 우공의 정성에 감동해서 가장 힘이 센 부하의 두 아들을 시켜 두 산을 번쩍 들어 서로 아주 멀리 옮겨 놓았다는 중국의 전설입니다.

하지만 그와 비슷한 일이 오늘날에도 있습니다.

지난 2009년 12월, 해외 토픽에 이런 내용이 있었습니다. 인도 비하르 주의 '가야'라는 곳에 살고 있는 람찬드라 다스라는 사람의 이야기였습니다. 다스 씨의 집은 산 너머에 있었는데 길이 없어서 매일 수 킬로나 떨어진 곳에 차를 세우고 아주 먼 거리를 걸어 다녀야만 했습니다. 그는 당국에 터널을 뚫어달라고 여러 차례 민원을 냈습니다. 자동차를 너무 멀리 세워 두면 도둑맞을까봐 두렵다는 하소연까지 덧붙였습니다. 하지만 당국은 도와줄 수 없다는 답변만 되풀이했습니다.

"그렇다면 할 수 없지. 내가 터널을 뚫고 말겠어."

다스 씨는 자기가 터널을 뚫겠다고 마음먹었습니다. 그가 갖고 있는 도구는 망치와 뾰족한 쇠붙이인 정이 전부였습니다. 하지만 그는 틈날 때마다 터널 뚫는 일을 멈추지 않고 마침내 그는 터널을 뚫고야 말았습니다. 그가 작은 동굴 같은 터널을 뚫는 데 무려 14년이 걸렸다는 것입니다.

이 놀라운 사실을 알게 된 기자가 다스 씨에게 물었습니다.

"왜 그처럼 힘들게 혼자서 터널을 뚫으셨습니까?"

그에 대한 다스 씨의 대답이 걸작이었습니다.

"주차하려고요."

당연히 전 세계에 화제가 될 만했습니다. 우리들이 그런 경우에 처했다면 무모하게 그처럼 오랜 세월이 걸려 터널을 뚫을 것이 아니라 차라리 이사를 했을 것입니다. 그런데 한번 생각을 바꿔봅시다. 만일 동굴 끝에 당신의 자녀가 갇혀 있고 동굴이 무너져 막혀버렸다면? 더욱이 아무도 도와주는 사람이 없다면? 그렇더라도 당신은 혼자서라도 죽을힘을 다해 동굴을 뚫으려 할 것입니다.

바로 그것입니다. 절박함은 선택의 여지를 없앱니다. 아무리 거대한 장애물이 앞을 가로막고 있더라도, 절박하고 절실하게 원한다면 무엇이든 당장 덤벼들 것입니다. 그리고 마침내 이루어낼 것입니다. 자신을 에워싸고 있는 절망이 너무 커서 숨쉬기조차 어렵다면 다스 씨의 터널을 기억해보는 겁니다. 절박함을 가지고 난관을 뚫겠다고 하면 마침내 뚫릴 것입니다. 무엇인가 간절히 원한다면 당장 시작하십시오.우리나라는 여전히 취업 대란입니다. 취업 못한 젊은이들, 실업자가 수백만입니다. 그 많은 젊은이들이 아까운 시간을 절망과 패배 의식에 빠져 있는 것이 현실입니다. 자신의 앞길을 가로막고 있는 거대한 산이 있다면, 우선 그 산에 시비를 걸고 덤벼보는 겁니다. 그냥 자신의 불이익을 감수하며 자포자기한 심정으로 살아가는 것은 패배자들이나 하는 행동입니다.

사람들은 보통 몇 번 실패하면 "이 길은 내 길이 아닌 것 같다." 하면서 포기하고 맙니다. 그러나 이환용 원장은 한의대 입시에 무려 8번을 떨어져도 포기하지 않았습니다.

이 원장에게 물었습니다.

"8번을 떨어졌는데 그 뒤에도 계속 떨어졌다면 언제까지 도전할 생각이었습니까?"

그가 대답했습니다.

"될 때까지요."

그에게 다시 물었습니다.

"만일 한의사가 안 됐다면 어떤 직업을 가졌을 거라고 생각합니까?"

그가 대답했습니다.

"생각해 본 적 없습니다."

그의 인생 목표는 오직 한의사 외길이었습니다. 다른 분야는 전혀 생각조차 하지 않았습니다. 그처럼 뚜렷한 목표와 끈질긴 도전 정신이 이환용 원장의 성공 신화를 만들었습니다. 7전 8기가 아니라, 8전 9기의 도전 정신, 우리가 꿈과 목표를 달성할 수 있는 지표가 될 만합니다.

아직도 희망은 남아 있다

이 책의 주인공으로 등장하는 성공 인물들이 절망의 절벽에서 희망의 언덕으로 올라올 수 있었던 것은 바로 '결핍'이었습니다.

결핍을 좋아하는 사람은 아무도 없지만, 결핍 앞에서 사람은 두 가지로 나뉩니다.

첫째, 포기하는 사람
둘째, 극복하는 사람

인간의 역사는 결핍을 극복하는 과정 중에 탄생하고 발전하였습니다. 인간은 동물에 비해 나약하고 몸에 털이 없어서 추위에 노출되면 동사하거나, 날카로운 이와 발톱도 없어서 맹수의 먹이가 될 수밖에 없었습니다.

그런데 어떻게 지구를 지배하게 되었을까요? 나약한 몸, 추위와 더

위, 사나운 맹수, 굶어 죽지 않으려는 생존을 위한 모색이야말로 인간이 지구를 지배하게 만든 동력이었습니다.

즉, 결핍을 해소하기 위한 도전의 과정에서 인간의 역사는 만들어진 것입니다. 인간은 절망 속에서도 늘 희망을 꿈꿔 왔고, 결국은 그 희망을 쟁취했습니다.

그러나 현재 인간의 물질과 사회적 인프라는 지구 역사상 최상의 번영을 누리고 있지만, 인간의 정신은 지구 역사상 가장 나약해져 있습니다.

별것 아닌 작은 일에 절망해서 스스로 포기하고, 자살로 수많은 사람들이 스스로 목숨을 끊는 일은, 먹고 살기 위해 맹수와 목숨 걸고 치열하게 싸웠던 원시 시대에는 상상도 못했던 일이었습니다.

그래서 이 책의 주인공들은 지구 역사상 물질은 가장 발전했지만, 정신은 가장 나약해져 있는 이 땅의 인간들에게 말합니다.

"당신의 결핍, 당신의 상처가 결국은 당신의 내일을 만들 것입니다. 포기하지 말고 다시 한 번 도전하세요."

그렇습니다. 상처는 몸에도 나고 마음에도 나지만 어디에 나느냐에 따라 다릅니다. 몸에 난 상처는 아무리 치료와 관리를 다해도 원상 복구가 어렵고, 설령 원상 복구된다 하더라도 최대의 성과는 상처 나기 이전의 단계로의 복구입니다. 100% 복구가 최상이라는 것입니다.

그러나 마음은 다릅니다. 마음에 난 상처는 치료와 관리를 하면 원상복구는 물론 그보다 훨씬 더 강력한 파워를 작동시킬 수 있습니다. 1000%, 10000%가 가능합니다. 결과론적으로 보면 그 상처 때문에 자신의 꿈과 성공을 쟁취한 것입니다.

그래서 위기와 절망을 극복한 사람들은 한결같이 말합니다.

"그때의 상처가 오늘의 나를 만들었다."

스스로 마음의 상처를 낼 필요는 없겠지만, 그 상처를 관리하고 방향을 바꿀 수만 있다면 우리 인생을 전환시킬 동력이 될 수 있다는 것을 입증합니다.

위기와 절망을 극복할 방법을 몰라서, 도전할 방법을 몰라서, 성공할 방법을 몰라서 못하는 사람이 있을까요? 몰라서 못하는 사람은 없습니다. 사람은 누구나 한발을 내딛으면 그만큼 앞으로 나아간다는 것을 알고 있습니다. 열심히 하면 한 만큼 성과가 있다는 것을 알고 있습니다. 그런데 사람들이 자신의 꿈을 이루지 못하는 이유는 무엇일까요?

바로 행동 때문입니다.

행동하지 않으면 아무것도 내 것이 될 수 없습니다.

지금 여러분 앞에 거대한 문이 닫혀 있나요?

앞으로 나아가고 싶은데 닫힌 문 때문에 나아가지 못하나요?

닫힌 문 앞에 서서 꼼짝달싹 못하고 있나요?

그 문을 여는 방법을 알려드리겠습니다.

여러분 앞에 닫힌 문은 둘 중에 하나일 때만 열립니다.

문에 다가가서 자세히 보십시오. 친절하게도 닫힌 문을 여는 방법이 쓰여 있습니다.

〈미시오〉 또는 〈당기시오〉

문은 밀거나 당길 때만 열립니다. 닫힌 문을 백날 쳐다봐도 문은 열리지 않습니다. 문은 둘 중에 하나일 때만 열린다는 사실을 기억하시기 바랍니다.

밀거나, 당기거나.

여러분이 진실로 절망을 극복하고 싶거든, 진실로 위기를 헤쳐 나가고 싶거든, 진실로 원하는 것을 갖고 싶거든 닫힌 문 앞으로 다가가서 밀거나 당겨야 합니다.

지. 금. 당. 장!

270

한숨 대신 함성으로, 걱정 대신 열정으로
포기 대신 죽기 살기로!

MBC 〈희망특강 파랑새〉의 희망 전도사 송진구 교수의 비장의 무기
매일매일 포기를 생각하고 있는 이들에게 전하는 희망의 메세지!

지금, 당신은 포기할 수 있는 기회를 놓쳤다.
비장의 무기를 쥐어줄 이 책을 만나고 말았으니.

삼성, 하이닉스, MBC 등에서 대한민국 최고의 명강사로
선정된 송진구 교수가 신간 〈포기 대신 죽기 살기로〉를
펴냈다. '희망전도사'라는 수식어에 걸맞게 실패와 절망
의 늪에서 하루하루 고통받으며 살아가고 있는 이들에
게 이 책을 통해 희망의 메시지를 전달한다.
허울뿐인 말로 위로 받을 수 있는 정도의 상처라면 차라
리 축복이다. 삶의 낭떠러지에서 모든 것을 놓아버리고
자 하는 사람들, 실패와 절망으로 눈과 귀를 막고 더 이
상 희망을 갖지 않으려는 사람들. 이제 막연한 위로로 그
들의 상처를 감싸는 것만으로는 문제를 해결할 수 없다.
이 책은 '인생'이라는 전장에서 살아남을 수 있는 비법을
전수한다.

Never ever give up!
송진구 교수의 파워 메세지
● 희망 + 절망 = 100

포기
대신
죽기
살기로

송진구 지음

삶을 이끄는 6가지 위대한 원리를
통한 행복 쟁취 지침서!
〈비장의 무기〉는 아직 당신 손안에 있다.

포기 대신
죽기 살기로

송진구 지음 | 신국판 | 280쪽 | 값 14,000원

절망의 벼랑 끝에 선 나와 마주치지 않는 법,
삶을 이끄는 6가지 위대한 원리를 통한 행복 쟁취 지침서!

이 책의 가장 큰 특징 중의 하나는 그저 막연히 '희망을 가져라', '열심히 살아라' 라는 것이 아니라 그렇게 살기 위해서는 구체적으로 어떻게 해야 하는지 가르쳐주고 있다는 것이다. 구체적인 목표를 세우고 그것을 실천에 옮길 수 있도록 방법을 제시하고 있다.

Never ever give up!

크게 성공한 사람들을 분석해보면 한 가지 공통점이 있습니다. 수 없는 좌절과 절망의 늪을 끈질기게 헤쳐 나왔다는 점이지요. 타잔이 맹수들이 득실거리는 밀림에서 생존하는 이유는 줄을 잘 타기 때문입니다. 그런데 이 줄에서 다른 줄로 옮겨 타려면 쥐고 있는 줄을 과감하게 놔야 합니다. 그 줄을 놓지 못하면 결코 새로운 줄을 잡을 수 없습니다. 새로운 줄을 잡지 못해 추락하면 사자나 악어의 먹이가 될 뿐입니다.

당신이 잡고 있는 절망의 밧줄을 놓아야 희망의 밧줄을 잡을 수 있습니다. 하지만 누구도 대신 당신에게 희망의 줄을 쥐어줄 수 없습니다. 마찬가지로 그 누구도 당신을 절망에 이르게 할 수 없습니다. 당신을 절망하게 만들 수 있는 유일한 사람은 바로 당신 자신입니다. 당신 자신이 스스로에게 가장 큰 친구가 될 수도, 적이 될 수도 있다는 것을 항상 잊지 말아야 합니다. 당신이 희망을 가지고 살아가는 한, 절망은 당신을 무너뜨릴 수 없습니다. 당신을 지키는 굳건한 방패처럼 절망의 화살들을 막아줄 수 있는 당신의 비장의 무기는 희망, 희망입니다.

ㅡ 「절실한 희망은 이루어진다」 중에서

인생의 전광판에는 아웃을 카운트하는 빨간 램프가 없습니다. 인생이라는 게임에서 선수를 아웃 시키는 것은 포기뿐입니다. 포기라는 투수가 열심히 공을 날려오면 우리는 멋지게 받아 치면 됩니다. 스트라이크도 좋고, 볼이면 어떻습니까. 인생에는 삼진 아웃이 없습니다. 희망이라는 방망이를 잡고 열심히 휘두르다 보면 홈런을 날릴 날은 반드시 옵니다. 반드시.

ㅡ 「희망, 그 놀라운 도미노」 중에서

저자 송진구 교수

MBC, 삼성, 현대 등에서 대한민국 최고의 명강사로 선정된 그는 현재 인천재능대학교 교수와 사람과 기업을 명품으로 만드는 솔루션을 개발하여 강의와 컨설팅을 실행하는 '송진구 명품 전략 연구원' 원장, 한국대학신문전문위원으로 재직하고 있다. 그는 청와대 대통령실, 삼성, 현대, SK 등 수많은 기업 강연 및 베이징, 칭따오, 상하이 등 해외 강연활동도 활발하게 펼치고 있다. 그의 강의는 명품전략, 위기관리, 혁신, 리더십, 감성, 희망 분야에서 수강자들에게 명쾌한 솔루션과 감동을 주는 명품 희망학 강의로 정평이 나 있다.